本书出版得到河南科技大学博士科研启动经费资助

社会工作研究文库

THE RELATIONSHIP
BETWEEN
SOCIAL WORK ORGANIZATION
AND COMMUNITY
NEIGHBORHOOD COMMITTEE

AN ANALYSIS OF
THREE FIELDS OF
COMMUNITY-BASED HOME CARE
FOR ELDERS

对三个社区
居家养老服务场域的
实践分析

社会工作机构与社区居委会关系研究

李倍倍 著

社会科学文献出版社
SOCIAL SCIENCES ACADEMIC PRESS (CHINA)

目　　录

导　论

第一节　研究缘起

一　研究背景

人口老龄化是全球现象，21世纪的中国亦步入老龄化社会。近年来，我国老龄化速度越来越快，老龄化程度越来越深，高龄化特征也越来越显著。从积极的面向上看，我国从20世纪80年代到20世纪末的20年间经历了从计划经济向市场经济的成功转型，全体居民生活状况与健康状况得到明显改善；进入21世纪以后，随着我国经济发展水平的快速提高，卫生事业投入力度不断加大，医疗卫生服务体系持续完善，2018年人均预期寿命达到了77岁。而在我国人均预期寿命不断增长的同时，突出的变化还有我国的人口结构，从国家统计局公布的数字中可以看到，2010年我国60岁及以上人口为1.78亿人，2018年则增长到2.49亿人，占总人口的比例从13.3%快速上升到17.9%。预期寿命的延长是现代社会快速发展的重大成就，同时也是现代社会不得不面对的重大挑战。老龄问题不仅涉及老年人生理层面的老化，还涉及心理层面与社会层面的老化与退化。心理层面的老化主要体现为老年人在心智水平、抗挫能力、能动水平方面的下降，社会层面的老化主要体现为老年人在社会角色与社会关系方面的转变与退化。生理、心理、社会三个层面的变化交织于老年人的生活日常，造成了老年人生活困境与服务需求的复杂性与多样化。增进老年人生活福祉、提升晚年生活质量、共享时代发展成果，不仅需要营造积极老化、健康老化的老龄友好社会氛围，还需要发展系统、完善的养老服务体系予以支撑，满足老年人多样化的发展需求。

近年来，我国养老服务体系获得了重要的发展，确定了以居家为基础、社区为依托、机构为支撑的体系建设定位。老年人居住于家庭，生活于社区，享受来自政府、社区与社会的综合养老服务成为我国重要的养老方式。当代中国社会责任主要由社区责任、家庭责任和个人责任三部分组成，[①] 对于独居或空巢老人来说，社区所能提供的支持变得越来越重要。社区成为老年人重要的生活场所、服务来源以及服务空间。而社区之所以成为重要的养老场域，发挥着重要的养老功能，则有着深刻的社会背景。改革力度的不断加大，计划经济向市场经济的转变，单位制消解背景下的"单位人"转变为"社会人""社区人"，社区的功能不断凸显，"社区服务""社区建设""社区治理"等思路不断被提出，并化为政策得到落实，都是我国时代发展背景下的一个个节点式的呈现。"单位人"的老去，再次挖掘了社区所能承担的养老功能，社区也成为养老服务社会化提供的重要实践场地。

当前中国所经历的治理转型是一个多线程改革的复合体，既包括政府转变职能、依法依规履责，以及财政投入模式的改革，也包括激发社会活力，塑造多元主体合作治理格局的战略布局。[②] 伴随着公

---

① 刘继同：《中国现代社会福利发展阶段与制度体系研究》，《社会工作》2017 年第 5 期，第 35~59 页。

② 黄晓春：《政府购买社会组织服务的实践逻辑与制度效应》，《国家行政学院学报》2017 年第 4 期，第 61~66 页。

共财政改革与行政改革的进程，财政领域实施"养事不养人"，即把拨款的依据改到"事"上。① 专业社会工作的福利属性、准公共产品的特性，以及社会工作对于促进现代社会发展与进步的责任，使得专业社会工作机构成为当前我国提供养老服务的一支重要专业力量。社会工作与社会治理间相同的结构和相通的内涵，使其可成为社会治理的操作化载体。② 结合当前我国社会组织发育不足、社会力量参与社会福利服务不充分，政府采取引入专业社会工作服务机制参与我国养老服务事业，尤其是社区居家养老服务事业的措施，期望此举能够有助于实现政府职能转变，满足当前养老多样化、专业化需求，以及推进社会工作专业与行业发展等多重效果。服务方向、服务内容、服务目的上的一致性，构成了政府与社会工作组织之间开展合作的重要基础。在"三社联动"社区治理体制创新实践中，社会工作专业力量借助"岗位性嵌入""兼任性嵌入""项目性嵌入""制度性嵌入"等多种形式③嵌入与服务对象相关的生活领域实现主体性建构工作。理论界也普遍认为这种"关系共同体"有助于创新基层社区治理与完善社区养老服务体系，合作关系的建构成为一种不言自明的必然状态。学者们就"政府购买社会工作服务"这一议题展开了广泛的探讨，包括二者之间的关系、购买的模式、存在的问题与挑战、发展的方向等。由此，政府购买专业社会工作参与社区居家养老服务具备了理论逻辑和制度逻辑上的合理性，以及现实意义上的操作可行性。

　　政府购买社会工作服务参与社区居家养老，最终是要落地于社区，服务要送达老人。社会工作机构作为专业的力量是否以及如何受

---

① 唐钧：《政府购买服务：购买的究竟是什么》，《中国社会保障》2012 年第 3 期，第 35 页。

② 顾东辉：《社会治理及社会工作的同构演绎》，《社会工作与管理》2014 年第 3 期，第 11~13 页。

③ 邹鹰等：《"三社联动"社会工作专业主体性建构研究——基于江西的经验》，《社会工作》2015 年第 6 期，第 99~115 页。

到来自基层认可？社会工作机构作为外来组织在社区的融入状况如何？起源于西方的社会工作服务如何适应本土，如何推进契合本土实际的服务提供，如何在社区落地、生根、发芽？社会工作服务如何送达社区老人手中？具体的服务成效如何？这些有待进一步展开追踪，实施具体化与实地化的研究工作。已有研究表明，在专业服务进社区初期，可能面临基层行政力量的"冷漠"对待与不合作。政策需要落地，问题研究需要基于社会现实，因此对这些微观问题进行探寻与研究，具有重要的现实意义与现实关怀，这也正是笔者展开进一步探究的背景与起点。

二　问题的提出

2017年12月至2020年1月，笔者投身于社会工作服务的实践基层——Y街道各社区内，通过对服务购买过程、提供过程、结项过程的调查与实际参与，了解到社会工作机构在社区养老服务提供的现实状况。在社会工作专业教育中，关于对服务关系建立的初步认知，往往来自机构的社会工作者与社区有需求老人之间建立起的专业服务关系；然而，在中国本土的社会工作服务实践情境下，看似社会工作者与服务对象是直接服务与被服务的关系，实则他们并非绝对意义上的直接互动。在实际情形中，社区居委会在二者之间往往扮演着重要的角色。换言之，社会工作机构难以跨越社区居委会直接在社区开展服务。在社会工作机构服务的初始阶段甚至是服务全过程，都要依赖社区居委会的宣传、协助与推介。而当社会工作机构不够专业，或者收到服务对象的负面反馈，又或者与社区居委会之间出现沟通不畅时，将有可能直接面临服务中断的风险，如被直接告知"不好意思，我们暂时不需要服务"。哪怕街道购买协议签订在前，服务提供已成定局，社区居委会依然掌握着社会工作机构服务落地社区的

"否决权"。这不利于服务对象与社会工作者之间服务关系的建立。换句话说，社区居委会是外来组织进入社区的"入场券"，同时也是外来社会工作机构在社区推进服务的"润滑剂"。当然，这并不意味着，双方之间建立友好关系就能保证专业服务的落地与有效，正如 Hai-Brown 所说的，成功的合作并不容易，往往挑战重重。① 但不能否认的是，社会工作机构与社区居委会之间关系的消极走向，将直接限制专业服务在社区的落地与进一步发展的可能性。

基于前文所述背景，以及笔者在基层实践中的观察与经历，本书将致力于探讨和分析在社区居家养老服务实践场域中，为将服务有效传送至社区有需求的老人，社会工作机构与社区居委会二者之间关系的可能性演变轨迹及其影响。具体将体现为对以下问题的挖掘与探讨。

第一，社区居家养老服务如何形成一个场域，该场域相对于权力场域的位置、场域的性质、场域的边界。

第二，服务提供者投身于场域所依赖的资本类型、所处场域位置、内在化地获取与场域相关的惯习特点，以及在此基础上生成的实践策略等具体问题的分析。

第三，社区居委会与社会工作机构之间在相互适应初期面临的挑战，这种挑战背后所呈现的场域内在结构与力量关系如何？

第四，社区居委会与社会工作机构如何实现良好合作关系的建立，以及这一过程又如何体现了场域结构的再塑造？

三 研究意义

（一）理论意义

布迪厄（又译作"布尔迪厄"）所创建的实践理论，从关系的

---

① Hai-Brown, C., "Continuing Collaborative Knowledge Production: Knowing When, Where, How and Why." *Journal of Intercultural Studies*, Vol. 22, 2001, pp. 19-32.

角度对场域、惯习、资本等基本概念展开分析，旨在消除理论与实践之间的长期脱节，行动者个体与社会结构分析、微观分析与宏观分析之间的二元对立。而如何将这套概念工具，应用到中国本土实践情境中，而且是理性构建的福利实践场域中，是本书的重要尝试。借助布迪厄实践理论的概念工具，在社区居家养老服务实践场域中，对社会工作机构与社区居委会两大实践主体展开分析，将涉及结构性因素、历史性因素、文化性因素、微观个体的生命经历等，在两大实践主体与社区老人身上的反映与呈现，并最终落在各自的实践上。在理性限制形式下基于社区这一场域而形成的空间中，因彼此的互动、影响与相互渗透，重塑着场域的意义、实践主体对情境的感知理解以及各自的认知图式，使社区居家养老服务实践场域成为不断变化着的、充满可能性的空间。

（二）现实意义

一是深入具体实践场域，研究政府购买社会工作专业服务参与社区养老服务的提供，能够为政策制定者提供来自实践层面的反馈，对于提高政府购买社会工作服务的绩效具有积极的社会政策启示，有助于了解社会工作实践场域的真实状况和老年人的真实处境，从而对实践予以有效的指导，有助于从社区居委会和社会工作机构双方调整服务行为、促进合作，形成"服务共同体"思想，以社区居民为核心，将服务有效输送至服务对象手中，更好地促进以养老服务有效性为核心导向的居家养老服务的提供，使老年人成为真正的受益者，促进政策制定、政策实施、实际需求之间衔接的紧密性。

二是社会工作参与基层社区服务的提供，从基层治理的角度看，是以"服务型治理"的方式展开。因此，社会工作机构作为基层社区治理体系的一支重要参与力量，探索其与社区管理与服务主体——社区居委会之间的关系发展、社会工作专业服务在基层实践的空间，尊重社区的差异性，有助于直接从实践中反思与探索社区整体发展意义上的治理路径。

三是从社会工作专业本土化的角度来看，研究议题的探究正是在社会工作如何实现本土化这一具体现实问题下展开的。社区作为专业力量的主要落地场景，社会工作机构与社区的直接代言人——社区居委会这一组织之间直接的交流、沟通与互动，有助于社会工作机构充分认识本土社会文化情境，发展出更为契合中国国情的工作策略，实现服务合作、专业落地，促进专业理念的渗透、专业方法的运用，获得来自基层的专业认同，从而构筑起社会认同。

第二节　文献综述

一　有关社区场域的研究

社区研究始终是社会学研究的重要课题。1887 年，斐迪南·滕尼斯（1855~1936 年）出版了《社区与社会》一书，也译作《共同体与社会》。滕尼斯在传统社会向现代社会过渡的动荡发展的欧洲社会背景下，以"社区"和"社会"两种不同的理想类型及其转变过程展示欧洲社会的变迁。"一切亲密的、秘密的、单纯的共同生活，（我们这样认为）被理解为在共同体里的生活。"[1] "社区气息"浓厚、人们"生活在共同体"中都成为滕尼斯对社区的强调和理解。对社区中共同、信念、团结等的论述，形成了西方社区社会学最基本的社区概念。[2] 在理解滕尼斯有关"社区"与"社会"之间丰富张力的基础上，二者之间的分野抑或说社会变迁的呈现，在理论上也被城市研究学者理解为农村社区与城市社区、农村与城市的对应范畴，滕

---

[1] 〔德〕斐迪南·滕尼斯：《共同体与社会》，林荣远译，商务印书馆，1999，第 52~53 页。

[2] 李学斌主编《现代社区建设专题研究》，中国社会出版社，2016，第 82 页。

尼斯的最大贡献就是把城市与乡村从结构意义上进行了理论分离。①
需要澄清的是，滕尼斯所描述的社区，并非绝对意义上的农村社区，
无论在农村社区抑或城市社区，"共同、信念、团结"等特质均有体
现。而无论是理论上农村社区与城市社区的分野，抑或由农村社区走
向城市社区的变迁，以及与之相关的"社区消失论"，理论的着眼点均
在社会变迁的大背景与现代社会的城市化进程上。而人们对社区的关
注，以滕尼斯的"社区"概念为起点，无一不体现了人们对于"团结、
邻里、信任、情感、共同"等社区重要因素与特质回归的期盼。

从滕尼斯的原意看，"社区"更为突出的是传统社会的一种联结方
式，并没有突出的地域性含义，从德文的 Gemeinschaft 到英文的 com-
munity，逐渐发展出了"社区"表述的地域性特征。桑德斯（Irwin
Sanders）提出，应将社区视为一种互动的场地。② 然而只包含特定的地
域空间和特定人群的社区"仅仅是一个场所，无任何社会学意义"。相
对于"场所"，"场域"则是一个社会学概念，意味着一种有人文色彩
的"场所"，渗透着"场所精神"，包括信任、互助及团结等。③

美国社区研究专家、场域论社区研究学派创始人考夫曼（Har-
old F. Kaufman）创建的社区场域理论，肯定了互动是社区的本质。
他将社区看作一个无边界的、构成要素和结构都处于不断变化中的
社会互动场域，其中的肯定性社会互动是发生于地域性社会中、不
同利益群体之间的合作行动过程。④ 威尔金森作为考夫曼的学生于
1970 年发表的《社区：一个社会场域》一文对考夫曼的社区场域
理论做了进一步的阐释。其认为行动者、组织、行动三大基本要素

---

① 张鸿雁：《侵入与接替：城市社会结构变迁新论》，东南大学出版社，2000，第 25 页。
② 〔美〕桑德斯：《社区论》，徐震译，黎明文化事业股份有限公司，1982，第 44~45 页。
③ 宋言奇、马桂萍：《社区的本质：由场所到场域——有感于梅尔霍夫的〈社区设计〉》，《城市问题》2007 年第 12 期，第 64~67 页。
④ 周业勤：《场域论视角下的城市社区建设》，《上海大学学报》（社会科学版）2006 年第 4 期，第 78~82 页。

保证了社区内互动的发生，突出了场域的开放性、场域结构的流动性特征。在社区场域的形成和动力上，当社区利益通过联结与合作得到确认时，社区场域就产生了。① 将社区作为一个实践场域进行分析，被理论者视为对社区本质的回归。社区正在日益超越感性成为一个理性的场域，成为各种力量角力、多元主体为实现目的而竞相争夺的平台。② 在社区实践场域的具体分析中，孙炳耀认为，布迪厄场域系统性的观点，契合了社区系统的复杂性；资本场域在社区中的表现最为典型，如邻里互助及社区支持网络正是建立在社会资本的基础上的；惯习，则可启发我们思考居民集体性行动的问题。③ 在实现社区治理创新的研究中，闵兢提出了由基层政府、驻社区企业、社区居民、社区社会组织共同构成的"城市社区治理域"，四个主体分别占据不同的社会位置和资源，既相互独立又紧密联系，而只有充分发挥各自"域动力"的正功能，并形成作用力和影响力的合作机制，才能实现城市社区治理的良性运行和协调发展。④

更为具体化地，有学者以布迪厄场域理论为分析工具，通过对某一具体问题的探讨构建社区内部的微型实践场域。其主要特点是以社区为基本实践场地，针对社区中某一特定人群、某一具体问题所形成的制度场域或福利场域进行分析。比如学者翟琨把场域理论进行了"社区调解学改造"⑤，对当代城市社区调解制度进行分析，把社

①　刘江：《重识社区：从"共同体"到"场域"的转向》，《社会工作》2016 年第 2 期，第 84~92 页。
②　张林江：《走向"社区+"时代——当代中国社区治理转型》，社会科学文献出版社，2015，第 3~4 页。
③　孙炳耀：《对居民社区行动场域的理论解析》，《哈尔滨工业大学学报》（社会科学版）2013 年第 6 期，第 18~24 页。
④　闵兢：《场域视域下的城市社区治理动力研究》，《科教导刊》2016 年第 19 期，第 164~165 页。
⑤　翟琨：《论社区调解场域及其信任机制的构建法则》，《上海大学学报》（社会科学版）2010 年第 6 期，第 126~138 页。

区调解人行动的社区空间视为调解场域，把社区调解人的素质看作调解惯习，分析基于调解人惯习、行动主体间的互动影响的社区调解场域核心机制——信任机制的构建。黄少宽和吴倩茹将社区养老服务时间储蓄制度看作一个福利场域，以布迪厄"场域–惯习"理论分析场域运行逻辑及居民惯习，指出了老年志愿者"做好事不求回报"的旧有惯习与该场域运行逻辑"有付出就有回报"之间"不吻合"的问题。[①] 余剑提出，政府作为基本养老保障承担者身份所形成的政策场域、社区老人的养老需求场域以及社会组织介入基层服务进而谋求发展的第三方场域这三个场域在社区层面上进行叠加和融合，最终形成了三方均接受和认可的社区养老场域。[②]

二 有关社会工作机构与社区居委会的关系研究

产生于西方的社会工作要想在中国"落地生根"，就必须将社会工作的基本原理、国际通则与本土实际相结合[③]，当前有关社会工作机构与社区居委会互动关系的文献中，较多以嵌入性[④]理论视角，探讨专业社会工作嵌入社区后，在参与社区事务、提供专业服务过程中的专业主体性建构。邹鹰等通过实证研究指出，在"三社联动"中，社会工作通过角色嵌入，在与社区干部、社会组织人员合作过程中，始终保持专业的独立性与引领性，通过运用社会工作的价值伦理、专业理论和技术，实现专业主体性的建构。[⑤] 也有学者指出了

---

① 黄少宽、吴倩茹：《场域–惯习理论视角下的养老服务时间储蓄制度——对广州市越秀区试点社区的实证分析》，《社会工作》2012年第9期，第63~67页。
② 余剑：《"场域–惯习"视野下的社区养老服务研究——以J市YN社区为例》，《甘肃理论学刊》2015年第4期，第84~88页。
③ 柳拯、黄胜伟、刘东升：《中国社会工作本土化发展现状与前景》，《广东工业大学学报》（社会科学版）2012年第4期，第5~16页。
④ 王思斌：《中国社会工作的嵌入性发展》，《社会科学战线》2011年第2期，第206~222页。
⑤ 邹鹰等：《"三社联动"社会工作专业主体性建构研究——基于江西的经验》，《社会工作》2015年第6期，第99~115页。

社会工作嵌入行动中会遇到制度性和结构性的困境，政绩观主导下的社区服务将使社会工作面临专业建制化和作用式微的风险等。① 在社会工作嵌入基层社区治理过程中专业价值遭受本土传统挑战的前提下，汪华做了进一步的分析，即对专业社会工作机构进入社区微观场域后，如何寻求与基层体制内行政性力量构建合作关系展开了研究，他指出，专业服务进入社区初期，面对基层行政力量的"冷漠"与不合作，社会工作机构采取"自我矮化"的策略构建合作关系，从"伙伴"转向"伙计"，由此带来社会工作机构对基层社区行政力量的单向依赖及双方地位的不平等，他将这种关系称为"脆弱的关系"。②

　　也有学者从组织理论视角对社会工作机构与社区居委会的互动进行研究。赵秀梅从组织资源依赖视角出发，解释社会组织与社区居委会在社区公共服务中形成了资源交换的互惠关系。③ 侯志阳以项目第三方评估人的角色，运用组织理论分析社会工作机构承接服务进驻社区后与社区居委会间的权力关系演变，得出社会工作机构与社区居委会之间的关系呈现冲突与合作并存的特征。④ 王杨、邓国胜从组织社会学理论出发，对社区居委会和社会工作机构两种异质性组织合作的外部环境和主体动机进行了分析，发现外部制度空间及政策机会等结构性因素是二者开展合作的前提；组织"理性人"的角色特点指出了互惠的利益期待是二者展开合作的内在动力；双方得

① 朱建刚、陈安娜：《嵌入中的专业社会工作与街区权力关系——对一个政府购买服务项目的个案分析》，《社会学研究》2013年第1期，第43~64页。
② 汪华：《合作何以可能：专业社会服务组织与基层社区行政力量的关系建构》，《社会科学》2015年第3期，第82~89页。
③ 赵秀梅：《基层治理中的国家—社会关系——对一个参与社区公共服务的NGO的考察》，《开放时代》2008年第4期，第87~103页。
④ 侯志阳：《冲突抑或合作：社工机构与社区居委会在社会服务购买中的权力关系》，《学术研究》2017年第3期，第71~78页。

以资源共享以及在合作过程中能够有效增进各自合法性则进一步保障了合作的持续性。①

从关注社会工作本土化发展的角度，已有学者从场域理论视角对社会工作的实践场域进行初步的分析。社会工作进入具体实践空间必然面临实践权的获得问题②；而洪佩和费梅苹进一步指出，大多数用人单位是在政府的要求下、对社会工作并不深入了解的前提下参与到社会工作的实践场域当中，工作形式和工作内容的不一致将不可避免地产生矛盾，而为了顺利开展专业服务，社会工作机构往往会弱化专业角色以获取用人单位的支持③。童敏和史天琪具体针对专业社会工作实践的社区场域进行分析，指出中国本土的社会工作综合服务具有"双主体"的性质，即社区居委会与社会工作者都是主体。④ 这就要求社会工作者做到能够兼顾社区居委会综合管理服务所要求的"广"与社会工作自身在专业实践场景中专业身份的确认，以此才有可能实现社会工作的本土化发展。

三　国外关于社会工作社区实践的合作服务研究

人类服务组织正迈入合作服务提供的新纪元。资源因素、人们所致力于解决的社会问题以及服务对象本身的特点，决定了只有多个组织共同协作才能解决问题，在此基础上，社会工作机构的管理者将不得不面对多方主体差异化的利益诉求，以及由此引发的现实问题⑤，如

---

① 王杨、邓国胜：《社工机构与社区居委会合作机制的理论解释——四个合作案例的比较分析》，《中国行政管理》2017年第11期，第55~60页。

② 王思斌：《社会工作实践权的获得与发展——以地震救灾学校社会工作的展开为例》，《学海》2012年第1期，第82~89页。

③ 洪佩、费梅苹：《"场域-惯习"视角下我国社会工作者的实践策略分析》，《华东理工大学学报》（社会科学版）2015年第6期，第21~30页。

④ 童敏、史天琪：《社会工作专业服务的本土框架和理论依据——一项本土专业服务场域的动态分析》，《中国农业大学学报》（社会科学版）2017年第3期，第102~109页。

⑤ Mulroy, E., Shay, S., "Motivation and Reward in Inter-Organizational Collaboration." *Administration in Social Work*, Vol. 22, 1998, pp. 1~18.

服务提供者常常花费大量时间来收集已经被其他服务提供者收集过的信息数据，从而导致工作重复①。在跨学科背景和组织中社会工作与不同职业如医生②、护士、心理咨询师③等展开了不同的合作。尽管社会工作者经常被要求在社区合作中参与，但是由于合作知识的匮乏往往合作并不成功。④ 成员关系、外部环境、组织领地张力、合作目标的变化都可能导致合作关系的变化。⑤

相较于国内研究，国外在社区服务提供过程中，社会工作机构在与其他组织合作关系构建中，更注重从组织理论视角，更为具体地剖析组织间合作关系构建的影响因素及有效策略。Powell 将这种组织间关系定义为组织网络，突出其互惠、优先、相互支持、发生交换的特质。⑥ 但国外缺乏充分的案例比较研究，仅有部分研究从案例比较方面展开了讨论。⑦

（一）合作的影响因素研究

Susan 指出，在组织间合作成为一种具有潜力和希望的创新策略的同时，我们对于不同人类服务机构之间关系的热情却超越了我们

① Fitch, D., "A Shared Point of Access to Facilitate Interagency Collaboration." *Administration in Social Work*, Vol. 33, 2009, pp. 186-201.

② Abramson, J. S., Terry, M., "When Social Workers and Physicians Collaborate: Positive and Negative Interdisciplinary Experiences." *Social Work*, Vol. 3, 1996, p. 3.

③ Sheppard, M., "Contact and Collaboration with General Practitioners—A Comparison of Nurses and Social Workers." *The British Journal of Social Work*, Vol. 22, 1992, p. 419.

④ Perrault, E., Mcclelland, R., Austin, C., Sieppert, J., "Working Together in Collaborations: Successful Process Factors for Community Collaboration." *Administration in Social Work*, Vol. 35, 2011, pp. 282-298.

⑤ Foster-fishman, P., Berkowitz, S. L., Jacobson, S., and Allen, N., "Building Collaborative Capacity in Community Coalitions: A Review and Integrative Framework." *American Journal of Community Psychology*, Vol. 29, 2001, pp. 241-261.

⑥ Powell, W. W., "Neither Market Nor Hierarchy: Network Forms of Organization." *Research in Organizational Behavior*, Vol. 12, 1990.

⑦ Mizrahi, T., and Rosenthal, B. M., "Complexities of Coalition Building: Leaders' Success, Strategies, Struggles and Solutions." *Social Work*, Vol. 46, 2001, pp. 63-78; Page, S., "Enterpreneurial Strategies for Managing Interagency Collaboration." *Journal of Public Administration Research and Theory*, Vol. 13, 2003, pp. 313-340.

所具备的促使它们展开良好合作的知识范畴。① 不管来源如何，命令作为一种合法要求参与合作，而且资金也经常与这项要求挂钩②，然而这种命令式合作并不能保证有效性③。研究表明，非政府部门因其独特的特点和政策环境应该针对其进行独立分析，制定独立的策略框架。Bailey 和 Koney 指出，合作共同体并非一个实体，而是多组织形成的团体，它们具有共同的协议：超越单个组织能力来实现资源整合以促进项目实施。④ Mattessich 等于 2001 年提出了促进社区成功合作的六大重要影响因素，包括环境、资源、成员关系、目的、沟通、过程和结构。⑤ 结合当前研究，动机、意愿、基本能力（ability，包括具备合作的知识或技能等基本能力）和组织能力（capacity，组织间实现合作过程中良好互动进行相关设置安排的能力）被认为是组织间合作的四个重要影响因素。

动机：组织为了生存必须从环境中获取有效资源，必须依赖另一行动者，因为该行动者控制着对该组织而言重要的资源，唯有当另一行动者觉察到合作的好处⑥时才是合作的开端。因此，组织间建立合作关系是为了获取有效资源而减少不稳定性⑦，这些资源包括最快获

① Susan, D. E., Peter, J. R., Armando, G., Gojko, V., Rino, J. P., "Interorganizational Collaboration in Social Service Organizations: A Study of the Prerequisites to Success." *Journal of Children and Poverty*, Vol. 6, 2000, pp. 119-140.

② Weiss, J. A., "Pathways to Cooperation among Public Agencies." *Journal of Policy Analysis and Management*, Vol. 7, 1987, pp. 94-117.

③ O'Toole, L. J., and Montjoy, R. S., "Interorganizational Policy Implementation: A Theoretical Perspective." *Public Administration Review*, Vol. 44, 1984, pp. 491-503.

④ Bailey, D., and Koney, K. M., *Strategic Alliance among Health and Human Services Organization from Affiliatims to Consolidatios*. Thousand Oaks, CA: Sage, 2000, p. 105.

⑤ Mattessich, P., Murray-Close, M., and Monsey, B., *Collaboration: What Makes It Work* (*2nd ed.*). Saint Paul, MN: Amherst H. Wilder Foundation, 2001, p. 63.

⑥ Wood, D. J., and Gray, B., "Toward a Comprehensive Theory of Collaboration." *Journal of Applied Behavioral Science*, Vol. 27, 1991, pp. 139-162.

⑦ Van de Ven, A. H., Walker, G., "The Dynamics of Interorganizationsal Coordination." *Administrative Science Quarterly*, Vol. 29, 1984, pp. 598-621.

得信息①、合法性资源②等。Sowa 在评估组织合作动机中也发现，小型组织如基于社区的组织等，为获取资金或非资金方面的资源，倾向于寻求伙伴来改善服务。③

意愿：尽管多种原因促使组织展开合作但最终合作行为并不一定产生。Susan 发现，公正、价值观的一致性、信任、合作的价值是合作意愿中多种标准化影响因素④；信任关系既包括私人的信任关系也包括组织间的信任关系⑤。Coe 发现，利益相关者更少，同质性更强，更有助于促进成功的合作关系建立。⑥

基本能力（ability）：参与者所具备的合作的知识和技能也是非常重要的。组织间合作的必要前提是具备有关合作的专业技能、在公共议题上合作的能力。Peter 认为，有效地跨部门合作发展缓慢、迂回、不稳定的原因在于，合作需要一定的情商，大多数的合作成功案例表明了尽心尽力者能够站在他人立场并具备以他人的视角看待未来挑战的能力。⑦

组织能力（capacity）：能够促进参与者协调活动的机制安排，包括正式机制和非正式机制——组织外的特别工作小组、顾问协会

① Powell, W. W., "Neither Market Nor Hierarchy: Network Forms of Organization." *Research in Organizational Behavior*, Vol. 12, 1990, pp. 295-336.

② Oliver, C., "Determinants of Interorganizational Relationships: Integration and Future Directions." *Academy of Management Review*, Vol. 15, 1990, pp. 241-265.

③ Sowa, J., "The Collaboration Decision in Nonprofit Organizations: Views from the Front Line." *Nonprofit and Voluntary Sector Quarterly*, Vol. 38, 2009, p. 1003.

④ Susan, D. E., Peter, J. R., Armando, G., Gojko, V., Rino, J. P., "Interorganizational Collaboration in Social Service Organizations: A Study of the Prerequisites to Success." *Journal of Children and Poverty*, Vol. 6, 2000, pp. 119-140.

⑤ Dodgson, M., "Organizational Learning: A Review of Some Literatures." *Organization Studies*, Vol. 14, 1993, pp. 375-394.

⑥ Coe, B. A. "Open Focus: Implementing Projects in Multi-Organizational Settings." *International Journal of Public Administration*, Vol. 11, 1988, pp. 523-526.

⑦ Peter, S., "Three Sectors, One Public Purpose." In John R. Butcher, David J. Gilchrist (eds.), *The Three Sector Solution*. Canberra: ANU Press, 2016, pp. 23-32.

或协调委员会等，都有助于服务中权力的整合，从而提高服务有效
性。甚至基于私人关系的非正式机制的建立能够促使利益相关者有
机会参与决策过程，促使横向信息交流、渗透组织边界。

(二) 有效合作的策略建议研究

第一，建立共识、发展共同语言、促成合作文化。合作团体的
异质性增加的时候，共同价值观、规范以及信任关系的建立将会变
得更难。[①] 因此，共同致力于解决问题是合作的重要基础。合作领导
者应具有前瞻性，认识组织间共同利益和依赖，增加对他人处境的了
解，发展共同语言，培养目标一致性。第二，灵活的结构。Elizabeth
指出，合作的结构是基于社区服务项目的一个重要因素，灵活的结构
可以促进组织间关系的发展。[②] 第三，注重邻里差异的重要性。合作
的结构应当反映出每一个邻里社区的独特的地区特质。第四，共同领
导。Perrault 通过对老年友好社区项目（EFCP）的动态追踪研究发
现，共同领导是促进合作成功的重要因素。[③] 平等协商、共同决策。
Provan 等将该结构称为共治结构即通过合作产生战略决策和操作决
策。[④] 第五，学习的目的和意愿。许多研究者意识到学习在合作过程
中的价值，相互的个人和组织间学习是参与合作的重要收获。[⑤] 第

[①] Galaskiewicz, J., and Shatin, D., "Leadership and Networking among Neighborhood Human Service Organizations." *Administrative Science Quarterly*, Vol. 26, 1981, pp. 434–448.

[②] Elizabeth, A. M., "Starting Small." *Journal of Community Practice*, Vol. 8, 2000, pp. 27–43.

[③] Perrault, E., Mcclelland, R., Austin, C., and Sieppert, J. "Working Together in Collaborations: Successful Process Factors for Community Collaboration." *Administration in Social Work*, Vol. 35, 2011, pp. 282–289.

[④] Provan, K. G., Mulward, H. B., "Do Networks Really Work? A Framework for Evaluating Public-Sector Organizational Networks." *Public Administration Review*, Vol. 61, 2001, pp. 44–423.

[⑤] Huxham, C., and Vangen, S., "Working Together: Key Themes in the Management of Relationships between Public and Non-Profit Organizations." *International Journal of Public Sector Management*, Vol. 9, 1996, pp. 5–17; Gould, N., "The Learning Organization and Reflective Practice: The Emergence of a Concept." In N. Gould and M. Baldwin (eds.), *Social Work, Critical Reflection and the Learning Organization*. Aldershot, UK: Ashgate, 2004, pp. 1–9.

六，多样化机制的建立。多样化机制包括正式机制和非正式机制，能够增强合作能力，如单独组织（特别工作小组、顾问协会、协调委员会）、研讨会和其他能够促使合作发生的正式平台。第七，开放性的沟通交流。信息的获取渠道被拓宽，彼此也受益更多[1]，Coe 将其描述为"开放性的聚焦模式"[2]，个体或组织在参与过程中得以实现自我强化，因为共同参与本身形成了一种合作的积极态度[3]，频繁的交流也有助于问题的协商解决[4]。行动者之间形成共识相比强迫他们屈从是一种更好的方式。[5] 第八，合作知识与技能培训的重要性。Edwards 认为，一线工作者和机构管理者必须具备合作关系和跨边界合作的能力，员工必须参与到合作行为中来，除了他们自身的组织工作外，员工必须具备充分的专业知识和职权参与额外的服务合作。[6] 第九，社工的适应性。社会工作的价值基础和技能表明了社会工作者本质上契合合作关系的构建。

四 已有研究述评

以滕尼斯的社区概念为出发点，社区在传统社会被视为一种社会联系，社会学社区研究的发展在不断强调社区本质的回归。在现代

---

① Lawless，M. W.，and Moore，R. A.，"Interorganizational Systems in Public Service Delivery：A New Application of the Dynamic Network Framework."*Human Relations*，Vol. 42，1989，pp. 1167-1184.

② Coe，B. A.，"Open Focus：Implementing Projects in Multi-Organizational Settings."*International Journal of Public Administration*，Vol. 11，1988，pp. 523-526.

③ Aldrich，H.，"Resource Dependence and Interorganizational Relations：Local Employment Service Offices and Social Services Sector Organizations."*Administration & Society*，Vol. 7，1976，pp. 419-453.

④ Van de Ven，A. H.，"On the Nature，Formation，and Maintenance of Relations among Organizations."*Academy of Management Review*，Vol. 1，1976，pp. 24-36.

⑤ Mandell，M. P.，"Application of Network Analysis to the Implementation of a Complex Project."*Human Relations*，Vol. 37，1984，pp. 659-679.

⑥ Edwards，A.，"Working Collaboratively to Build Resilience：A CHAT Approach."*Social Policy and Society*，Vol. 6，2007，pp. 255-264.

社区场域研究中，互动、关系成为人们关注社区问题解决、社区集体利益达成的立足点。以社区为基本实践场地，针对某一具体问题、某一特定人群的探讨而构建社区内部的微型实践场域，比如制度场域、政策场域、福利场域、需求场域抑或第三方场域，是人们运用布迪厄场域理论对社区这一现实社会空间进行内部解构，并且试图以完整的面貌呈现微观社会空间内权力的流转、结构的变化、行动的发生过程等，而这些都离不开组织、行动者、行动三大基本要素，它们使社区成为一种现实的实践场域，从而可以对其进行学术分析。

在由社区居民、基层政府、社区居委会、社会工作机构、其他社区社会组织以及相关利益主体共同构成的社区居家养老服务实践场域中，也正是基于上述理论研究才得以展开。在该场域中，以社区居民为服务的目标群体，具有社区代言人身份的社区居委会与进入社区场域的社会工作机构成为基层实践场域内核心的实践主体，作为服务购买方的基层政府以及其他利益相关主体，甚至包括涵盖服务对象在内的社区居民，都处于相对被动的地位。而在既有研究中，学者们在静态分析的基础上，已开始转向对两者关系建构的动态演进过程的分析，这为后续研究提供了启发。过分注重阶段性划分可能忽视主体互动过程中的细节，以及阶段性划分的依据是否可靠。这些仍然值得进一步深入认识和研究，而这些也体现了当前研究中的不足，即缺乏"现场"的观察、参与甚至实践性的调查与了解，此外，研究的角度也过于依赖社会工作机构，我们从资料的来源、评估现场的参与等都可看出，现有研究缺乏对社区实际实践情境、社区居委会的深入调查与了解。更为重要的是，对于社区居家养老服务实践场域的认知与界定，尚缺乏有效的解释与说明。而这些都是在以后的具体研究中需要研究者予以具体分析与回应的内容。

此外，在国外社会工作社区实践的合作服务研究方面，我们可以发现，针对社区服务提供过程中组织间合作关系方面的研究，正在逐步走向细化、具体化，这种细化主要体现在对成功合作关系构建的影响因素的研究上，而这对于研究者后续在社区服务提供过程中的组织间关系构建研究具有一定的指导和启发作用。但与此同时，需要注意的是，国内社区居委会与国外其他专业团体性质的不同，也决定了研究者必须立足中国社会现实，深度认识社区居委会的历史演变、组织性质、人员架构、工作方式方法，以及国内社会工作机构的专业特点和政策背景，以此来把握本土社会工作机构与社区居委会在社区居家养老服务递送过程中的动态关系演变。

第一章 研究设计

第一节 研究地点的选取

一 田野观察的街道及其社区

1. 选择缘由

笔者参与观察的街道——Y街道位于B市，成立于1981年，辖区面积为2.0平方千米，辖区内有重点大学，属于"大院式"街道，同时街道办事处人员编制隶属辖区内大学，即街道受到辖区内大学和区委、区政府的双重领导，是辖区内大学的重要组成部分，同时也是区政府的派出机构。双重的身份使得辖区内的事务处理有其特殊之处，也有其复杂之处。与其他街道相比，Y街道有着其他街道所不能享受的福利与优势，但同时在辖区内公共事务的决议与执行以及相应的资金支持上，也不如其他街道宽松，受到明显的限制。街道下辖7个社区。街道户籍人口有4.1万人，其中居民6600户，学生2万多人。随着城市的发展、社会流动的加快，现如今，社区内居住群体也日益多样化。但总体而言，7个社区内的核心居民群体依然为辖区内大学相关人员，其中包括退休教授、退休职工、在职职工及其家

属、在校本科生、研究生及博士后等。街道整体老龄化严重，社区内
60 岁以上老人占社区总人口比例超过 25%，为老服务工作成为街道
工作的重点内容。

街道内部下设六大办公室，即综合办公室、党群工作办公室、平
安建设办公室、城市管理办公室、社区建设办公室以及民生保障办
公室。其中，与社区居委会联系较为紧密的要数社区建设办公室，
主要负责社区建设、管理和服务工作；指导社区居委会各项活动的
开展，负责社区居委会、社区服务站的组建、撤销和规模调整并上
报区政府审批；指导社区居委会做好组织建设，依法进行换届选
举；实行民主自治；负责辖区社区工作者队伍的管理、教育和培训
工作；负责培育、扶持辖区社会组织；动员组织社会力量、发展志
愿者队伍参与社会治理，实现资源共享，提供多元社区服务；等
等。从社区建设办公室所负有的工作职责来看，社区建设办公室直
接指导着社区居委会的各项管理与服务工作，在实际工作中，社区
居委会也直接向社区建设办公室反映社区问题、总结与汇报各项社
区管理和服务工作，将社区建设办公室默认为其"直接领导"。社
会工作服务项目的购买也多由社区建设办公室牵头，由其拟定项目
购买计划，并与社会工作机构开展合作。因此，无论是对社区居委
会还是对社会工作机构来说，社区建设办公室都是与之息息相关的
职能部门。

街道老龄化现象严重这一重要因素并不足以支撑笔者进行相关
研究，更为重要的支撑是街道多年来购买社会工作服务的实践基础。
其一，街道购买社工服务多年，因此社会工作机构与社区居委会有着
长期打交道的基础，并在二者的关系走向上有更多的可能性；其二，
其中既有在街道内服务多年的社会工作机构，也有新加入的社会工
作机构，还经历了其他社会工作机构的退场，不同社会工作机构在街

道内丰富又曲折的经历可以为本书提供多样化的现实素材；其三，Y街道虽属于"大院式"街道，社区核心居民为大学内退休教职工及其家属，但 7 个社区内部依然存在差异，依据各自社区主要居住群体，可将社区划分为以退休职工为主的社区和以退休教授为主的社区这两大类，因此为笔者进行差异化研究奠定了重要的基础。上述都是笔者选择该街道作为探究社会工作机构与社区居委会关系的田野的重要原因。

简单说来，街道内 7 个社区，退休教授所居住的社区，共计 4 个，退休职工所居住的社区，共计 3 个。从社区居住氛围上来讲，结合教师职业特点，退休教授所居住的社区相对安静，社区内老人年龄普遍偏大，80 岁以上老人居多；退休职工所居住的社区，契合工人职业生活特点，社区氛围相对活跃，老人偏年轻化，60~70 岁老人偏多，与社区组织联系紧密，能经常参与社区活动。R 社会工作机构有着与街道多年合作的经验，服务过程中又有 C 社会工作机构加入。自 2016 年起，R 社会工作机构就与 Y 街道建立起了合作关系，参与辖区内独居、空巢老人的服务提供工作，Y 街道从 2016 年开始年年购买"Y 街道家庭助理——独居空巢老人精神关爱项目"，直至 2020 年 6 月结束，并于 2019 年下半年签下"Y 街道志愿团队培育项目"，该项目实为 C 社会工作机构的遗留项目。2017 年 C 社会工作机构参与了 Y 街道的志愿者培育项目，该项目的加入符合 Y 街道最初对辖区内工作的展望，即 R 社会工作机构通过吸引外部志愿者，加入社区内独居、空巢老人的精神关爱行列，C 社会工作机构通过内部培育促使社区内老年志愿服务队伍正规化、组织化，并参与到社区服务和其他社区公共事务中来。然而，C 社会工作机构最终任务失败，没有很好地实现最初的服务设想，其"入场"和"退场"的全过程，都为本书提供了可供对比的案例，有利于本书研究议题的进一步探索。

此外，笔者在 Y 街道的两年时间，经历了辖区内社区居委会主任的换届，新旧居委会主任的交替所带来的不仅是人员的变化，还有工作思路、工作风格的变化，与此同时也体现了社区居委会与社工机构不同的打交道的方式。老一届社区居委会，尤其是社区居委会主任，往往是在该社区工作十几年的"老主任"，有的社区居委会主任本就是该社区的居民，后出任居委会主任，与社区居民感情较深，深得多数老居民信赖；新一届社区居委会，工作人员队伍年轻化，年轻母亲居多，但也有刚毕业的"95后"，社区居委会主任年龄多为 30~40 岁，有着几年的工作经验，多考取专业证书，且受过大学教育。新旧居委会主任也展现了不同的处事风格与沟通方式，这种不同一方面有助于对二者前后的互动进行对比，另一方面也塑造了丰富的社区居家养老实践场域情境。上述简要说明体现了该街道作为研究的田野，所能提供的研究土壤的丰沃程度，赋予了在该街道社区内探索社工机构与社区居委会互动关系这一议题的独特研究价值，因而具有典型性特征。

2. 深度参与观察的 3 个核心社区

参与观察的 3 个社区中，既有退休职工居住的 W 社区，也有退休教授居住的社区，即 C 社区和 Y 社区。退休职工居住的社区与退休教授居住的社区老人年龄结构不同、职业不同，呈现的特征不同，社区内部可依附、可利用的资源也不同。即使是同为退休教授所居住社区的 C 社区和 Y 社区，内部也呈现较大的差异。3 个社区，其中以 Y 社区占地面积最大，社区人口最多。3 个社区的具体情况如下。

（1）W 社区

该社区属于老旧社区，建成于 20 世纪 70 年代，位于大学西门外，社区总面积为 8 万平方米，物业管理由校内统一承接。社区绿地面积占总面积的 50% 左右，内有几座小山，一条平整柏油路贯穿整个社区。整体环境清幽，社区安静整洁，景色别有一番韵味。1980年，由居民选举成立了社区居委会，每三年进行一次换届选举，至今历经14届。社区居委会组织架构为：社区居委会党支部书记1名，社区居委会主任1名，委员4名。日常开展工作包括党建工作、群团工作、协调工作、劳动保障工作、民政工作、残疾人管理、青少妇联工作、文体工作、公共卫生及计划生育、社区治安综合治理等。2017年12月有居民900多户，常住人口2600多人，楼房15座，平房四大片。出租房屋216户（其中户籍人口2564人；本市人户分离646人+流动人口300人，合计946人；15岁以下人口224人，15岁及以上人口2376人；少数民族人口119人，包括土家族、回族、满族、藏族、蒙古族、锡伯族、朝鲜族）。60岁以上老人800人左右，占比约为31%；低保人员6户；残疾人60人。

社区居民小组61个，治安志愿者队伍1个。参与社区日常管理与公共事务的人员包括社区居民委员会6人、各楼门居民代表61人、社区安保志愿者队伍80人、社区卫生志愿者队伍65人、社区文体宣传志愿者队伍30人。其他社区社会组织包括社区柔力球队（12人）、社区老年合唱队（19人）、社区中年合唱队（19人）、社区乒乓球队（4人）、社区舞蹈队（8人）。社区大部分中青年忙于工作，与社区社会组织联系较少，很少关注社区一些工作、活动，社区60岁以上老人超过社区居住人口的1/4，日常各项活动能够经常参加，与社区居委会及各个组织接触较多，比较熟悉。

由上述内容可知，社区老人相对年轻化是W社区相比其他高龄社区的最大优势。社区内年轻老人不仅积极参与社区治安、卫生、巡逻、绿化等志愿服务工作，也积极参与各种文体活动，并且经常组织外出参加比赛与演出。社区居民既富有热情又一团和气，成为社区居委会开展社区各项工作的重要支持力量与内部资源。

（2）C 社区

C 社区建于 20 世纪 80 年代，社区总面积为 55600 平方米，同样位于大学西侧，紧邻 W 社区，属于退休教授所居住的社区。2003 年 7 月居委会正式成立。社区有 20 栋楼，56 个单元，住户 515 户，常住人口 1500 多人，以老教授、老干部为主。其中另有 6 栋博士后小楼，在读博士后在此居住。

社区内 60 岁以上的老年人有 554 人，C 社区截至 2019 年底，80 岁以上老人已经有 300 余人，占社区总人口的 20%，高龄老人占比较高。面对已经逐步迈入老龄化、高龄化的 C 社区，在开展工作的时候关注点自然而然就会落在各种为老服务方面。

C 社区在街道所辖社区中，虽然面积小、人口少，但社区独居、空巢家庭众多，养老问题是街道所辖社区中最为迫切的；面对社区 90 岁以上的老人有 13 位，80 岁以上的老人则有 300 多位的现实，社区高龄化问题严重，高龄老人的日常照顾、突发问题的处理是社区工作的难点与重点。老人的子女不在身边，外部支持力量不丰富、不持续与不灵活，社区内部低龄老人人数较少、事务繁多，多重因素制约着 C 社区内的养老服务提供。

（3）Y 社区

Y 社区同样为退休教授所居住的社区，社区总面积为 96862 平方米，绿化率为 38%。受楼房分布的影响，自然形成南北两院，两个院共有两个户外约 240 平方米的健身场地。截止到 2018 年 8 月底，社区总户数为 1601 户，人口共计 3908 人，其中 0~14 岁人口 238 人；60 岁以上人口 1127 人，占比为 28.8%；65 岁以上人口 958 人；80 岁以上人口 277 人，占比为 7.1%。

由上述数字可看出，老人的日常照顾和突发问题的处理等同样为 Y 社区开展工作与提供服务的重点。社区内部把关爱老年人的安康、提高老年人的满意度放在了日常工作的首位，具体措施有以下四个方面。一是建立独居老人信息库。对辖区内 65 岁以上的老人进行摸查登记。组建关爱老人安康志愿者服务队伍，开展"关爱结队"活动。二是整合社会帮困助老资源，为特困老人提供关爱服务，坚持做到"重大节日帮""特困对象重点帮""突发事件及时帮"等。三是建立应急预案机制，健全和完善老人结对管理制度、定期上门查看制度、电话关爱制度、突发事件应急处理制度等，确保本辖区老人的安康。四是在服务上狠下功夫，建立有"社区之友""社区互助群""社区互助社""社区老龄互助群"等微信群，并将之逐渐打造成社区居民的"全天候"社区服务平台。此外，启动了"社区服务指南""扶助服务"标准制定，全面推进社区服务标准的规范化、全方位提升社区服务质量和服务水平。

Y 社区相比街道内其他社区面积更大，人口更多，负担也重。但在每个社区内部，又有各自的独特性与复杂性，包括各自的历史遗留问题、急需解决的问题以及各自可利用的资源。相比其他社区居委会，Y 社区居委会需要付出更多的心力去应对 93 扇楼门内居住的老人，去了解老人的近况、解决老人的需求、处理随时可能发生的紧急事件。但 93 扇楼门同时也代表着 93 个楼门长，且楼门长中众多成员同样是社区志愿者里的一员，因此，能够有效地调动和发动楼门长，并且充分扩大志愿者队伍，充分利用和发挥好楼门长的力量、志愿者的力量，将为社区养老服务工作带来质的飞跃，也预示着未来可深入探索的空间。

除上述 3 个社区外，街道内其他社区笔者也有持续性的接触，社区问题之间的相似性，社区居委会及其工作模式之间的相似性，都不断地丰富着笔者对社区治理、居家养老、社区居委会与社会工作机构之间的互动等实践议题的思考，为本书的完善与研究的深入提供了重要的实践补充。

二　两家社会工作机构

2017~2020 年，Y 街道共与两家社会工作机构产生了购买服务的契约关系：R 社会工作机构和 C 社会工作机构。两家社工机构各有优势与侧重点，入驻街道提供服务的时间、服务内容与服务对象均有所不同。服务开展状况与社会工作机构本身的专业能力与资质、项目团队、财务状况等多重因素相关。两家社会工作机构的基本情况具体如下。

（1）R 社会工作机构

R 社会工作机构成立于 2010 年，由高校教师所创办，是由政府民政部门正式注册、由政府有关社会建设工作领导部门担任业务主管单位、以有关大学社会工作院系为业务依托的民办非营利专业社会工作机构。机构目前有全职专业社工 64 人，其中持有社会工作者职业资格证书、全国心理咨询师资格证书等的比例为 50%；具有社会学、社会工作、法律、心理学等相关专业本科以上学历的比例为 65%；社会工作专业研究生学历（含在读）的比例为 25%。R 社会工作机构自 2010 年建立以来一直秉承专业社会工作服务理念：少年为本，援助家庭；社区为本，助人自助；社工为本，增能赋权。运用社会工作专业方法与技能为有需要的个人、家庭、社区和机构，提供多样化、专业化的社会工作服务。2015 年、2017 年两次获得《公益时报》"全国百强社工机构"称号；2016 年、2018 年两次获得 B 市社工委"社会领域先进基层党组织"称号。在机构内部有全国十大社工人物 1 人，B 市最美社工 3 人、优秀共青团员 1 人，B 市社会组织系统先进个人 2 人、"三社联动"服务项目之星 1 人。由此可见，R 社会工作机构在成立背景、成立年限、组织架构、人员资质、行业经历方面具有突出优势。

（2）C 社会工作机构

C 社会工作机构成立于 2015 年，由 5 名经验丰富的专业心理咨询师发起。鉴于团队人员心理学的专业背景，C 社会工作机构主要聚焦"心理社工"的专业优势，承接市级、区级层面的社会工作服务与社会心理服务。C 社会工作机构还聘请了 4 名教授为督导老师、8 名心理学博士为合作专家、20 余位心理咨询师为签约咨询师。相较于一般的社会工作机构，C 社会工作机构的"心理学优势"十分突出，也更能回应当前养老服务中的精神慰藉、心理关怀、情绪疏导等精神健康议题，具有突出的时代价值与意义。

从成立时间与成立机缘上看，R 社会工作机构早于 C 社会工作机构，正值 B 市 2010 年前后社会工作机构如雨后春笋般层出不穷的时代；而 C 社会工作机构则是 5 名专业心理咨询师于 2015 年主动选择的"职业转型"，正如 C 社会工作机构所长所言："社工的发展势头越来越好，我们也希望自己做点不一样的东西，所以我们从心理这块开始向社会工作上偏，结合社会工作和心理去开展服务，也是一个新的开始。"在具体实践过程中，在服务团队层面，人手不够、专业不足是两家机构所面临的共性问题。更为准确地说，这是当前整个社会工作行业中所有机构所面临的现实难题在两家社会工作机构中的具体映射。然而相比较来看，R 社会工作机构有近 70 名专职社工，而 C 社会工作机构则只有不足 10 名专职社工，其力量悬殊也是直观的。R 社会工作机构负责人原为 B 市高校社会工作系主任，具有强大的专业背景支撑，而 C 社会工作机构的建立则源于心理咨询师的转型。虽然社会工作专业与心理学存在一定的相似性，心理学也同样是社会工作学科理论的重要来源之一，然而二者之间无论是在价值理念上还是在操作方法上都存在差异，如何看待与处理这种差异也是 C 社会工作机构在实践操作过程中不得不面临的现实问题。对比来看，两家机构虽然各有优势，但其行业背景与专业实力存在一定的差距。从服务落地的地理位置上看，R 社会工作机构与 Y 街道在 B 市位于同一辖区，而 C 社会工作机构则位于相对较远的其他辖区，在路程的便捷性上存在一定的差距，进而会影响到后续服务提供过程中的便利性与沟通合作过程中的有效性。同在一个街道开展社会工作专业服务，尽管项目内容上有所差异，但社会工作机构之间难免会相互对比和"较量"，除此之外还包括来自街道和社区层面的观察与对比。因此，从专业资质到服务团队、从服务内容到服务成效，两家社会工作机构均面临着来自现实层面的重重考验。

三 两家机构参与街道服务购买状况

面对街道内老龄化问题日益严重，社区养老问题难以有效突破与解决的现状，Y 街道从 2017 年开始与 R 社会工作机构展开合作，确定为社区独居、空巢老人提供"家庭助理"的精神关爱社会工作服务。而在 R 社会工作机构入驻 Y 街道以前，已有一家社会工作机构在街道开展过社会工作服务，但也正因为服务成效的有限性，因此才出现了社会工作机构的更换与 R 社会工作机构的接替服务。

在 R 社会工作机构来之前，还有一家社会工作机构在我们这服务，但是我们也不知道他们服务的啥，好几个月不来人，然后突然就开始让我们收集材料，是我们帮他们收集材料让他们评估，就是我们忙完我们的事还得去给他们干活，他们成了我们的领导。感觉他们都不是专业的社工。后来街道也不再用他们了。也就是他们那一次，给所有的居委会整得都对社会工作机构印象很不好，觉得来了就挺添麻烦的。（C 社区新居委会主任 w，

29

35 岁，C 社区居民，基层工作经验 6 年）

    R 社会工作机构在街道内的服务率先于 2016 年在大学西门外 3 个紧邻的社区内进行试实施。整个项目，除由项目负责人进行项目管理与带领外，同时安排驻街社工 1 名，应对 7 个社区老人的紧急需求，及时提供服务或者及时联络项目团队进行服务提供。在外部补充力量上，把 B 市部分高校学生志愿者团队作为重要的后备力量，负责满足社区老人的服务所需，通过项目团队确认社区服务需求，询问提供服务的时间后，联系外部志愿者上门服务。由于主要依托高校志愿者团队，因此，降低了对一对一服务的专业化要求，上门服务的内容往往更为日常化，主要为上门协助清洁、手机和电脑等网络教学或者助行助医、协助取药等生活类服务。然而受服务时长、人员流动性、专业背景等多重因素限制，需要坐下来与社区老人进行深度交流、提供精神慰藉的专业化服务，在信任基础、时间、沟通技巧与专业基础无法保证的前提下也无法取得良好的服务成效。在整个项目实施过程中，尽管与多所高校的合作保证了项目志愿者来源的丰富性，但志愿者的不稳定性与流动性也难以避免地带来了一些服务弊端，期待保持志愿者的稳定性一直是社区老人的服务反馈，也一直是项目实施的软肋。

    比如我们和校内（辖区内大学）学生志愿组织合作的时候，包括和我们合作的青协，他们是一学期换一个负责人，然后他们的工作，每个学期与每个学期之间的衔接性不是很强，尤其是人员，他们可能这个学期参加这个社团，下个学期就参加其他社团了。对志愿者的管理要求就很高。前期招募培训都做得还好，但中期的团队建设跟不上。比如我们之前要求他们每周来一个半天，但实际操作的时候，很多志愿者可能周二、周三已经定了这周六、周日的安排，而这个时候，如果我们的老人没有定好上门服务安排，这个志愿者可能就会面临几种情况，第一种是我想去提供服务的时候没有人让我提供服务，第二种就是我不想提供服务的时候你非给我安排，到后面，他就不想把这个时间单独空出来了。（"家庭助理"前项目负责人g，31岁，社工实践经验7年）

　　R社工机构项目团队内部包括驻街社工在内共计4人，其中包括项目主管与1名项目督导。除此之外，还有B市高校的社工实习生1~3名。与多数社会工作机构的项目主管身兼多个项目一样，项目主管g在机构内部同时还负责3个项目，项目督导本身也肩负其他社会工作服务项目的实施。对于社工实习生而言，实习时长往往为1~3个月，存在较大的流动性。因此整个项目团队表面看来人员充足，然而在实际服务开展过程中，团队服务力量则一直处于供给不足的状态。

　　自2016年6月试实施至2020年6月，R社会工作机构在Y街道内持续提供服务有4年。服务内容主要涵盖上门、助医、助行等日常生活类一对一服务；在社区内开展的小组服务活动，包括手工类、手机网络教学类、节日主题类以及社区运动类活动。4年以来在服务内容上基本保持不变，与此同时在服务对象上从2017年至2020年也没有得到真正扩充，甚至出现服务对象减少、不再要求服务的情况。更为重要的是，社区内多数老人、居民不知社区内有R社工机构项目存在。服务覆盖面小、专业性受限、服务内容相对单一、服务宣传不到位等多重问题制约着项目的实施与开展，而这些问题的解决都离不开项目团队的统筹和管理。

2017年，与辖区内大学有合作关系的 C 社会工作机构入驻 Y 街道开展社会工作服务，负责街道辖区内老年志愿服务团队的能力提升服务。该项目以"以小助老"为服务理念，挖掘社区内部资源，组织、培育社区内年轻老人，发展形成老年志愿服务团队；在此基础上通过提升相关志愿服务能力，为社区内独居、空巢、困境老人提供社区内部的、更为便捷的服务。"以小助老"服务项目希望通过服务开展一方面营造积极良好的老龄友好社区居住氛围，同时助力社区老人自我价值的实现；另一方面通过探索社区内生资源，编织社区内部的互助网络，构建可持续的老年服务链条。如此一来，C 社会工作机构的内部志愿服务力量培育与 R 社会工作机构的外部志愿服务力量介入共同提供为老服务，为辖区内独居、空巢、困难老人提供全面的养老资源与专业服务，从而实现一种内外呼应的服务成效。然而实际的服务情形则是对于在社会工作行业发展道路上尚处于"新人阶段"的 C 社会工作机构而言，无论是在探索挖掘与培育内部志愿服务力量的本土专业化路径上，还是在机构内部专职社工的人才储备上，都心有余而力不足。

2017年9月至2018年4月服务结束后，C 社会工作机构仅在3个社区内在原有志愿服务团队基础上协助挂牌成立了社区为老志愿服务队，而此3支志愿服务队的成立，更多的是立足于3个社区内原有的服务热情较高的志愿服务团队，专业力量在其中发挥的真实作用在社区居委会看来微乎其微；日常服务开展则主要有由 C 社工机构项目主管在社区内组织开展的手工类服务活动。此外，由于机构内部人手不足，项目主管既要主责项目又要执行项目，必要情况下才会出现其他社工临时现场协助的情况。而且在项目内部，经历了3次项目主管的更换，因此每次新项目主管在接手前，对于项目本身以及社区状况都是一无所知的，与街道、社区居委会、社区居民之间都需要重新磨合与熟悉。项目主管的更换在特殊情况下虽然难以避免，但也无疑会为项目后续服务的顺利实施设置重重障碍，最终在为期半年的服务结束后，服务成效并不十分显著。经双方共同分析与一致协商后，Y 街道决定再购买 C 社会工作机构服务项目一年，以期持续、深入地推进服务。第二次服务提供则是从 2018 年 9 月至 2019 年 9 月。然而由于项目团队人员数量和专业力量双重受限，加之 C 社会工作机构位于相对较远的行政区，两地之间的距离使得该项目活动开展次数较少，服务成效自然也受到影响，在项目尚未结束前，Y 街道已告知 C 社会工作机构不再续买社会工作服务项目。

综合两家社会工作机构在街道内的实际服务提供情况，对比分析如下。

第一，在项目开展时间上，R 社会工作机构独居、空巢老人"家庭助理"精神关爱服务项目服务年限已有 4 年，分别为 2016 年 6 月至 2017 年 6 月、2017 年 6 月至 2018 年 6 月、2018 年 6 月至 2019 年 6 月、2019 年 6 月至 2020 年 6 月。R 社会工作机构于 2020 年签订社区志愿者能力提升服务项目，接手 C 社会工作机构遗留服务项目。C 社会工作机构"以小助老"社区老年志愿者能力提升项目服务年限约为 2 年，分别为 2017 年 9 月至 2018 年 4 月、2018 年 9 月至 2019 年 9 月。

第二，在项目核心内容上，R 社会工作机构依托专业社会工作力量，对接外部志愿者资源，建立起与社区联动的服务机制，成为社区老人的"家庭助理"，提供相应服务，满足独居、空巢老人的精神关爱需求。C 社会工作机构通过内部志愿服务团队的组织、培育，建立街道内部由专业心理专家、社区助老工作者、社区志愿者构成的三级助老网络，形成社区服务管理、社工机构专业管理、街政科统筹管理的立体管理网络。

第三，在项目开展形式上，R社会工作机构实际提供服务包含3个板块。①一对一服务：手机、网络上门教学；上门协助清洁；代写代办；助医助行；取药；人生回忆录制作；等等。②社区小组服务：微信教学小组、手工活动、传统节日活动、社区运动会等。③社区义务理发活动。C社会工作机构实际提供服务包含2个板块。①社区小组活动：手工活动、传统节日活动、社区运动会等。②外出活动：社区助老专员、社区志愿者外出能力拓展训练与其他外出参观活动。

第四，在服务推进实效上，R社会工作机构在7个社区中，一对一上门服务主要集中于辖区大学西门外3个社区，于相对较远的Y社区，服务200余人次，且服务对象未新增甚至呈下降趋势。在社区小组活动方面在街道各社区均有涉及，活动次数为街道内部至少每月开展4次小组活动。C社会工作机构在7个社区中的3个社区建立了社区助老服务队，并带领其外出进行能力拓展训练。然而不可忽视的是3支队伍的建立基于社区已自发形成多年的志愿服务团队力量，社区自身志愿服务基础良好，而C社会工作机构在其他社区的志愿服务拓展能力相对较弱。

第五，在服务评价上，主要从项目书、项目团队、项目服务与社区合作四个方面来看。①从项目书所约定的服务任务上看，即从项目指标完成度来看，R社会工作机构4年来能够初步完成服务约定任务，即满足量的要求；而C社会工作机构2年来在服务量上均未能满足街道要求。②从项目团队上看，两家机构项目团队数量均不充分，且人员流动性强，无法及时满足服务对象的需求。相比较而言，R社会工作项目团队人员数量较多，流动性较小。③从服务覆盖范围及服务对象对项目的熟识度上看，R社会工作机构服务覆盖范围更广，服务人次更多，受到固定服务对象的认可；而C社会工作机构项目团队人员受限，路程较远，活动开展次数较少，服务覆盖面较窄，社区老人对项目和 C 社会工作机构知晓度较低。但值得注意的是，两家社会工作机构的宣传力度都不充分，2018 年底，笔者在针对两家机构常去的社区的居民采访中了解到，社区老人、老年志愿者对两个社工项目以及何为社工均不熟悉。④从与社区居委会配合度上看，两家机构均存在有密切配合与合作的社区，也有沟通交流较少、合作关系较为淡薄的社区。

第二节 理论工具

一 布迪厄的实践理论

（一）研究过程中的实践分离与关系替代

布迪厄的社会学理论与方法的建构来源于他对学术研究的思考，而理论与实践之间的界限与距离是促使布迪厄进行这一思考的主要原因。布迪厄认为，研究者在某种程度上将他的正统思想置于行动者的头脑中，他把自己思考的世界（也就是观照、表现和观察的对象），当成呈现在没有余暇（或欲望）脱离这个世界以便思考他的那些人面前的世界，① 即研究者的研究本身与现实世界之间可能存在的误差与分离。在这种研究关系与研究过程中，布迪厄指出了几种实践分离与关系替代。首先，研究与我们自身实践经验的分离，即有时与研究者自己的朴素经验相悖，考虑到研究者在其中所扮演的角色以及研究者自身的实践经历在研究过程中的"退场"，在学科的本土化研究过程中，研究者可能无意识忽视自身即身处本土之中。其次，与他人实践经验、他所观察的实践的分离，学者面对他所观察和分析的

---

① 〔法〕皮埃尔·布尔迪厄：《帕斯卡尔式的沉思》，刘晖译，生活·读书·新知三联书店，2009，第 51、54~55 页。

状况和行为，并不是处于一种介入行动、投身于游戏和赌注的行动者的地位。① 这里，布迪厄突出了研究者与实际行动者二者之间的位置差异，这种差异在某种意义上将会阻碍研究者基于研究身份对实践者的实践初衷、实践期待、实践行为的全面感受。最后，在整个研究过程中，布迪厄认为研究的实相倾向于用思考的"主体"代替行动者，用学术认识代替实践认识，忽视了"人们的思想世界"与"人们的生活世界"之间的界限差异，即日常世界与学术世界之间的差异。总而言之，布迪厄认为，关于实践的思想和话语这种行为本身就使我们与实践分离。

（二）科学研究的目的：重建实践逻辑

布迪厄产生了关于科学认识以及科学的目的的思考，即科学的目的不应该是重新承担起构建实践逻辑的责任，而应该是从理论上重建这种逻辑。"逼近"现实的真相，考虑实践逻辑与理论逻辑之间的距离，乃至将一种"实践理论"，如舒茨和他之后的常人方法论者所说的民间知识（folk knowledge）或民间理论（folk theory），与一种科学理论之间的距离纳入思考之中②，正如《反思社会学导引》一书中所阐明的那样：一门恰如其分的社会科学，在它所构建的理论中，必须包含说明理论与实践之间的鸿沟的理论，即必须考虑这一现实模型与行动者实践经验的距离③。布迪厄所倡导的科学研究的最终归宿是能够回到日常生活中去，因而探究研究者自身的经历、如何进入所研究的场域以及与被研究者之间的关系，对于科学研究本身具有重要的现实意义。而理论与实践之间的界限对产生一种有关实践认

---

① 〔法〕皮埃尔·布尔迪厄：《帕斯卡尔式的沉思》，刘晖译，生活·读书·新知三联书店，2009，第51、54~55页。

② 〔法〕皮埃尔·布尔迪厄：《帕斯卡尔式的沉思》，刘晖译，生活·读书·新知三联书店，2009，第52页。

③ 〔法〕皮埃尔·布迪厄、〔美〕华康德：《反思社会学导引》，李孟、李康译，中央编译出版社，2015，第93页。

识的正确认识和建立一种能够为这种认识留有一个位置的理性理论
具有阻碍作用。因此，在整个重新认识与重建实践逻辑的过程中，要
对研究过程、研究主客体关系、理论知识的构建进行反思与重新设
定，即给予实践行为、实践情境、研究者、研究对象以重新认识。

（三）关系的思考角度：场域、惯习、资本与实践活动

也正是基于上述关于科学研究的根本性思考，布迪厄系统地发
展了一套社会学方法与概念构建体系，这套包含着概念工具的方法
论旨在消除理论与实践（经验）的长期脱节，以及理论论争舞台上
长期存在的"结构与能动""微观分析与宏观分析"之间的二元对
立。布迪厄提出"场域""惯习"等概念作为理论工具，并指出，
这些理论工具并非一种自在和自为的存在，作为研究者要运用这些
工具并使其发挥作用。布迪厄关注研究者如何"进入"他所研究的
世界，并强调对研究程序细节始终保持关注、保持警惕，即研究者
对于自身如何"存在于"他所研究的世界进行自我监督，从而避免
陷入概念和理论的"拜物教"。[①] 场是建立在理性限制形式下的一种
理性制度的地点。[②] 场域的运用，力求研究者从关系的角度进行思
考，关注到社会空间中不同位置之间的力量关系，此外，在研究的
不同阶段都确信，其所构建的对象并未陷入赋予它最独特性质的关
系网络而不能从中凸显出来……抛开它与整体的关系，我们根本无
法把握它。[③] 布迪厄认为，从事实来看，他所提出的场域理论，作用
之一是消除再生产与转型、静力学和动力学或者结构和历史之间的
对立。就场域而言，布迪厄认为，社会空间无法进行简化式的理解，

① 〔法〕皮埃尔·布迪厄、〔美〕华康德：《反思社会学导引》，李猛、李康译，中央编
　译出版社，2015，第326、330页。
② 〔法〕皮埃尔·布尔迪厄：《帕斯卡尔式的沉思》，刘晖译，生活·读书·新知三联书
　店，2009，第49、129页。
③ 〔法〕皮埃尔·布迪厄、〔美〕华康德：《反思社会学导引》，李猛、李康译，中央编
　译出版社，2015，第326、330页。

化为互动论意义上的仅仅一种简单、有意识的背景。社会空间本身自有其复杂性、独特性的结构构成与动态性的发展。唯有认识到不同行动者的实践策略及其所依赖的惯习与资本，才能理解社会空间动态变化的可能性。布迪厄通过对"场域""惯习""资本"等概念工具的把握、理解与运用，建议尝试并且提倡以关系的角度进行有关实践问题的思考，而如何使其奏效，均旨在以系统的方式让它们在经验研究中发挥作用，也就是说以一种全然性的态度去看待、分析和研究问题，最终落在行动者的实践上，以实现能够思考实践而又不消灭它。① 实践理论本身如何被理解、如何被应用被浓缩在布迪厄的场域观和惯习观里。

布迪厄对场域的分析过程，也是对场域中行动者实践逻辑的呈现过程，其中透露出布迪厄的实践观。布迪厄将对场域的分析概括为两方面的内容，一方面，通过对场域的结构做共时性分析以把握场域的动力机制，识别场域中各位置之间的距离与不对称关系；另一方面，通过对场域中不同位置间的张力以及本场域和外场域之间的张力做历史的生成性分析，呈现塑造该场域的不同位置主体及其惯习的历史性因素，它既指向过去，展现出行动主体的发展历程，又指向未来，通过场域内主体的互动构建新的结构样态。与此相对应的是布迪厄认为具有优先顺序的一系列分析环节：首先，客观结构的建立，即特定资本的分配以确定行动者在场域中的位置，进入过程所依赖的行动者本身所拥有的某种资本类型，正是场域本身所需的资本类型通过帮助行动者而被遴选出来，被赋予了场域内存在的合法性；其次，引入行动者的直接体验，揭示行动者的性情倾向，行动者的行动策略构建还取决于行动者对场域的认知，即基于行动者

---

① 〔法〕皮埃尔·布尔迪厄：《帕斯卡尔式的沉思》，刘晖译，生活·读书·新知三联书店，2009，第49、129页。

所处位置而采纳的看待问题的视角。这两个环节的连接旨在克服结构必然性与个人能动性之间的二元对立，呈现性情倾向与位置之间彼此适应的实践状态，但前者的分析先于后者。原因在于，行动者的观点会随其在客观的社会空间中所占据位置的不同而发生根本的变化，即制约关系要先于认知建构的关系。对场域中客观结构的分析是我们识别场域内的动力机制以及结构转型的基础。由此在描述客观世界的同时，超越单纯性地描述从而关注到对整体现实世界的建构。

对现实世界的建构，离不开行动者惯习的作用与力量，惯习是行动者的实践行为得以依赖的核心要素。布迪厄指出，惯习这一概念，完完全全是从实践操持这一意义上进行分析和理解的，因为惯习最主要的是确定了一种立场，即一种明确地建构和理解具有特定逻辑（包括暂时性）的实践活动的方法。[①] 这种性情倾向在实践中获得，又持续不断地发挥作用，进而不断地被结构形塑，同时又不断地处在结构生成的过程当中，即惯习成了某个场域固有的必然属性体现在身上的产物，其出现本身能充分体现该场域的特征；而与此同时，因为惯习本身处于变化之中，又有助于实现场域的再塑造，将场域建构为一个充满意义的世界，形塑场域的不同样态。布迪厄突出强调从"性情倾向"里解脱出来，与它保持距离，冷静地进行观察。该过程正是对反思性的运用，以改变对情境的感知理解……而行动者或实践者自身，体现出对自身的主体性和能动性的把握，依赖自身有意识地自觉把握与之相随的自身性情倾向的惯习，只有在场域中了解自身，作为场域中的行动者，才能获得"主体"之位和场域再塑造的能力。在此过程中，突出了性情倾向的开放性，即惯习不是宿命，而是历史的产物……但又不断地随经验而变，从而在这些经验的

---

① 〔法〕皮埃尔·布迪厄、〔美〕华康德：《反思社会学导引》，李孟、李康译，中央编译出版社，2015，第151页。

影响下不断地强化，或者调整自己的结构。作为一种处于形塑过程中的结构，同时，作为一种已经被形塑了的结构，将实践的感知图式融合进实践活动和思维活动中。[①] 让性情倾向"发作"，抑或"压制"性情倾向，此过程所唤醒的均是行动者的"主体性"。因此，在约束的限制下，惯习引导这些行动者体会到一种情境，而行动者凭借他们的实践窍门，凭借他们的惯习，酝酿出与这种情境相适应的行动路线，布迪厄将其比喻为量体裁衣的裁缝，对自身的行为模式有着难以言喻的把握和自然而然的生成。所以布迪厄把实践活动看作一种实践感的产物，一种时间化的行为。社会行动者不一定是遵循理性的，但总是"合情合理"的……它自有逻辑，且合乎逻辑，却并不把一般的逻辑当成自己的准则。[②]

总而言之，布迪厄突出实践逻辑是基于实践意识的行动，实践理解的原则不是一种认知意识，而是习性的实践意识……无视或者忘记与一个世界的内在关系，无疑是经院哲学幻想的基本而原始的形式，因为这个世界不被看作世界，而被看作在一个有自我意识的认知主体面前确立的客体；[③] 关于与实践的关系，它倾向于将实践视为一种物，这种与物之间的关系是一种外在的维持关系、主体面对客体的关系。

（四）参与性对象化与反思性回归

为克服上述局限，布迪厄在《学术人》中对置身其中的法国学术场域进行分析，在这项研究中，布迪厄对其提出了双重的挑战。他追求双重目标，构建双重的对象。首先，表面上的对象是由法国大学

---

① 〔法〕皮埃尔·布迪厄、〔美〕华康德：《反思社会学导引》，李孟、李康译，中央编译出版社，2015，第151、170页。

② 〔法〕皮埃尔·布尔迪厄：《帕斯卡尔式的沉思》，刘晖译，生活·读书·新知三联书店，2009，第166页。

③ 〔法〕皮埃尔·布迪厄、〔美〕华康德：《反思社会学导引》，李孟、李康译，中央编译出版社，2015，第151、170页。

构成的场域，布迪厄将其视为一种体制，以此来分析该场域的结构与功能作用，在这个体制中能够发挥效力的、不同种类的权力，占据各种位置的行动者，这些行动者自身到达他们所处的位置所经历的现实轨迹，以及由此产生的"教授式"的世界观等场域内容。其次，他还尝试努力建构更深层的对象：布迪厄将其称为"反思性回归"（reflexive return），即一个人将他自己所处的世界作为一个客观对象时，必须以反思性回归来反观自身及其轨迹、经历，以及这些背后所隐含的内容和产生的对个人研究思想的影响。其背后的理念就是要颠覆观察研究者与他所研究的世界之间的自然关系，并以实践的方式来证明，有可能充分彻底地将客体以及主体和客体的关系都作为社会学研究的对象。布迪厄所希望的不是摒弃主体研究客体的外在关系，而是将主体和客体的关系作为社会学研究本身所应该关注的对象，这种"参与性对象化"（participant objectivation）表明了努力保持客观中立以及努力跳出研究情境的研究者们，依然深处他们所研究的社会情境之中，并受其影响，因此布迪厄呼唤回过头来，以反思性的态度去看待社会学家和塑造社会学家的世界。这是对分析者及其对象之间的一般性关系，以及分析者在科学生产空间所占据的特殊位置所进行的反省，以突破一种"支配学术世界的知识权力"[①]。

二 实践理论的理解与应用

布迪厄的研究思想、理论体系与概念工具自成体系，要想探究行动者的实践逻辑与实践策略，就必须深入行动者所处的场域，对其场域类型、性质、结构与边界展开分析。在社区居家养老服务场域内，充分地理解、运用布迪厄的研究思想及他所提出的概念工具，即场

---

① 〔法〕皮埃尔·布迪厄、〔美〕华康德：《反思社会学导引》，李孟、李康译，中央编译出版社，2015，第90页。

域、惯习与资本等概念，将涉及如下几个基本问题。一是社区居家养老服务实践场域如何作为一个场域存在，包括场域对应权力场域的位置、边界、性质、运转的动力等。二是该场域中的核心实践主体都有哪些，其在场域内的相对位置、惯习特点、实践策略、掌握资源资本情况等。三是研究者应如何深入该场域，如何看待以及应与其他实践主体保持何种关系。四是如何促使该场域的结构流动，如何知晓其流动方向。而这些问题的回答，包括场域本身是否形成一个场域以及场域的边界问题等，均不允许给出先验式的答案，而应依赖具体的经验研究加以估量和把握。正如布迪厄本人所述，对研究者本人而言，最为重要的是意识到理论本身并非一种自在和自为的存在，而是需要充分去实践，使其发挥作用，避免陷入概念和理论的"拜物教"。

场域视角的分析旨在消除"结构与能动性""客观主义与主观主义""宏观分析与微观分析"之间的二元对立。作为一个微观的实践场域，社区居家养老服务场域并不仅仅局限为养老服务提供的场所，更是社区居委会、社会工作机构及其他相关主体共存的社会空间。社区居委会与社会工作机构的微观互动不仅可以折射出场域的结构形态及其在不同阶段的变化与可能性，也映射了福利社会化过程中的优势与阻力、专业学科在实践层面的发展困难、养老服务的现实挑战、社会治理创新的可能性空间等宏观议题。具体分析来看，一方面，各实践主体依据自身发展背景与实践经验形成其特有的惯习系统与实践逻辑，采取差异化的实践策略开展互动；另一方面，实践主体的主观能动性又决定了其在场域认知、互动策略、性情倾向各方面的灵活性与变动性，彰显了社区居家养老服务场域本身的流动性与发展性。尽管社区居家养老服务场域因社区老人的养老服务需求而存在，但在实际执行层面，社区养老服务的提供方式、具体内容与最终成效与社区居委会、社会工作机构之间的沟通协作密不可分。社区居委会与社会工作机构之间的互动模式与互动成效在不同阶段、不同内容上又有所差异。二者之间关系发展状态的良性与否将直接影响到福利服务的递送速度与递送质量。在组织层面上，社会工作机构与社区居委会二者之间基于不同的场域视角与工作守则开展合作；在个体层面上，社会工作者与社区居委会工作人员又基于自身生命经历与生活阅历进行互动，个体与个体之间的接触与交流，将更为直接地呈现布迪厄所提出的"惯习"概念在实践者身上所发挥的作用与力量，以及互动本身对实践者惯习所产生的潜移默化的形塑作用和给场域本身所带来的渗透与改变。

正如布迪厄所说的，惯习不是宿命，而是历史的产物……但又不断随经验而改变，从而在这些经验的影响下不断强化或者调整自己的结构。① 实践行为本身带来的影响可能是积极的，促进更为适合场域的新的惯习形成，也可能是消极的，将固化某些惯习，使场域结构持续僵化。社区居家养老服务中的个体，无论是年迈的社区老人、社会工作机构里的年轻社工，还是社区居委会主任，本身所具有的行动惯习，都是社会历史与个体生命历史的产物，因此，其实践行为本身是复杂的，相互之间渗透甚至产生变化的过程将会是漫长的；但可以明确的是，社区居家养老服务实践场域是作为一个充满可能性的空间存在的，即使是背负沉重历史、多年累积惯习的行动者们，也是充满能动性的个体，行动者们依据这些习性的实践意识、基于对情境变化的感知以及基于角色自身对场域本身走向的期待，形塑着社区居家养老服务实践场域。

---

① 〔法〕皮埃尔·布迪厄、〔美〕华康德：《反思社会学导引》，李孟、李康译，中央编译出版社，2015，第165页。

第三节 研究方法

一 实践研究

在有关布迪厄关于社会学研究的思考的基础上，笔者对如何进入自己所研究的世界、如何"存在于"自己所研究的世界及其过程和细节一直持有关注，并决定采用实践研究这一研究方法开展此次研究。当然，这与笔者的受教育经历（社会工作的专业教育背景）、所关注的研究对象以及与研究议题相关的社会工作这门专业的实践取向的特质紧密相关。

（一）实践研究同时作为一种过程

实践研究的首要目的即接近社会的实相，趋近真实地呈现实践过程。我们不仅关注研究所生成的结论，同样关注研究本身的过程。实践研究是实践和研究的交汇。实践研究不仅仅是一种方法，更是一个过程。[①] 它发生在特定的情境中，因此被称为 the science of the concrete，聚焦于具体情境下的具体问题。研究问题的确定来源于特定情境所引发的真实问题及其所面临的"解困"需求，即强调和突出研究问题的情境相关性。研究与实践共同存在于这一过程中，研究者与实践者共存，且均不需要放弃各自的立场和需求，也就是说，不需要为了研究而研究或者为了实践而放弃研究。而如何趋近社会的实相，跨越实践与理论之间的鸿沟，认识与重建实践逻辑，涉及研究者如何看待实践的场域，即研究问题所处的具体情境，研究的全过程以及过程中研究者与实践者之间的关系，从而最终促进有关实践的科学知

---

① Uggerhoj, L., "Learning from Each Other: Collaboration Processes in Practice Research." *Nordic Social Work Research*, Vol. 4, 2014, pp. 44-57.

识的生成。用 Gredig 和 Sommerfeld 的话来说，如果我们想要科学性知识，尤其是实证证据，在专业行动中发挥效力，那么我们就必须关注行动发生、知识生成过程的情境，关注参与到社会工作活动中来的不同组织。①

研究者的参与，并不代表着抛弃客观分析的立场，实践者也并不再是对研究过程、研究结果毫不知情的局外人，而是强调，研究者与实践者一道，立足实践情境，探讨实践问题。实践者对研究的知情权、参与权被充分保留，甚至充分尊重来自实践者的知识、经验与智慧。研究和研究结论并不是"神谕"，能够对实践中的所有问题给出答案，或者给出最佳解决方案。而是说，研究和结论是解决方案的一部分，是答案的某一种角度。如果没有不同的参与者，对相关问题以他们本身的知识和理解进行公开集体讨论的话，研究问题、设计、分析和结果呈现都是不充分的。在实践研究中，研究过程中细化的问题被公开地讨论、协商与解决，研究的阶段性成果与最终成果在研究者与实践者之间被共同地探讨以及批判性地采纳和吸收，研究与实践共同发生且相互服务。实践研究不仅仅是一种研究取向或者具体的研究方法，其本身更是研究与实践的交汇。这也显示了实践研究不是一个目标而是一个过程，不是一个结果而是一种方式。尽管实践研究可被定义和被定位，但正是在实践中它才真正地使自身被定义和被定位。②

在该过程中，实践者，具体指在特定研究情境中涉及的行动主体，在本书中，主要指社会工作机构和社区居委会两类组织的工作者、社区居民，以及作为社会工作项目购买方的街道工作人员。需要

---

① Gredig, D. , Sommerfeld, P. , "New Proposals for Generating and Exploiting Solution-Oriented Knowledge. " *Research on Social Work Practice*, Vol. 18, 2008, pp. 292-300.

② Uggerhoj, L. , "Learning from Each Other: Collaboration Processes in Practice Research. " *Nordic Social Work Research*, Vol. 4, 2014, pp. 44-57.

指出的是，本书的特殊之处在于研究者同时是实践者。正是笔者社会工作的专业背景赋予了笔者可以作为实践者的机会和能力。而对于处于不断发展中的社会工作这门专业来说，社会工作专业知识的愿景正以创造性、反思性、高度实践性和情境性①为重要特质不断地促进着专业自身的建构、现实问题的解决以及社会工作行业的发展。正如一枚硬币有正反两面，研究者同时也作为实践者参与其中，既有其特有的研究优势，但也存在一定的研究阻力。研究优势体现为尽力消除布迪厄所担心的"实践分离"与"关系替代"，即研究者与自身实践经验相分离，因研究者本身并未投入"游戏"，始终处于观察者角色，而导致的与他人实践的分离，以及最终导致的研究者作为"思考的主体"代替了"实践的主体"，以"学术认识"代替"实践认识"，造成"学术世界"与"日常生活世界"之间的分割。这种为压缩"实践"与"研究"之间的距离而付出的努力在另一方面为研究带来了极大的挑战，当然这种挑战也是布迪厄在社会学研究方法中所关注的重点：研究者如何进入以及在研究场域中如何自处，即如何存在于他所研究的世界，如何进行自我监督与反思？研究者如何看待和处理研究的主客体关系，应赋予研究对象以何种认识、身份和位置？研究结论如何产生，即在重新认识和重建实践逻辑的过程中，如何进行理论知识的构建与知识的生产？

（二）实践研究与研究情境

研究者与情境的关系是交互作用的关系。他会塑造这个情境，但也与情境进行对话，他置身于他想了解的情境中。② 在具体的实践研究中，这些挑战与问题将会进一步被细化为以下内容。一是研究者如

① 赵一红主编《生态社会工作与社会工作实践》，迟红等译，社会科学文献出版社，2019，第288页。

② 〔美〕唐纳德·A. 舍恩：《反映的实践者——专业工作者如何在行动中思考》，夏林清译，教育科学出版社，2007，第125页。

何利用自身学术专业优势，识别研究场域的适切性和潜在研究问题的研究价值，以及对该场域实践者的现实价值？二是研究者如何使实践者参与研究过程，或者说，研究者自身如何融入实践过程中？三是研究者如何与场域中的实践者产生研究共识？这包括对研究全程，以及对研究问题的重要性达成共识；在研究过程中，在不同的实践阶段，共同操作研究问题的细化与具体化，满足在研究过程中认识问题和在实践过程中解决问题的双重需求。四是承上启下，实践者与研究者如何批判性地探讨和应用研究结果，对研究结果的"实用性"和"适用性"做出有效判断和区分。

实践研究的过程所突出的是研究者与实践者、实践者内部之间共同参与、共同发声的协商过程。这种集体性的协商过程有助于或者说其本身即致力于构建一个基于特定实践情境的"集体性反思"（collective reflection）的氛围。这种来自不同社会位置的反思的益处，主要体现在有助于促进研究者和实践者开放性态度的生成、实践场域内批判性知识的生成；实践主体以研究为工具在实践中不断扩大实践所能展开的面向，尤其是为了具体情境问题的解决而付出努力；增强研究者与实践者、与所处情境、与自身以及与情境内他者对话的能力，解析情境并共同赋予情境以新的意义，赋予研究者以实践思维，使实践者以研究思维去反观情境。

关于 reflection 的解释与翻译，国内常见的既有"反思"、夏林清的"反映"，也有来自对布迪厄社会学理解的"反身性"等多重翻译，在此，鉴于本书研究的重点，以及在两种文化之间实现源语和目的语的等效翻译及具体语言表达在形式意义和语境意义上完全对等实属罕见的特点，从字面理解上，笔者选择翻译上的简化处理，reflection 即"反思"，而将重点放在 reflection 具体如何发展中来理解其真实含义。正如上文所说，"反思"的对象以及过程主要涵盖了研究者与实践者、与所处情境、与自身以及与情境内他者对话的能力，解析情境并共同赋予情境以新的意义，赋予研究者以实践思维，使实践者以研究思维去反观情境。而这个过程包含布迪厄意识到客观主义对象化的局限后所提倡的参与性对象化的反思社会学过程，研究者逃离外在观察者的视角，将研究者与他的对象之间的关系同时作为研究的对象，即陷入研究者所研究的对象之中，通过完成这一最艰难但也最必要的工作——社会学的社会学，来真正把握科学研究所追寻的社会目标和价值。

（三）研究者同时是实践者

笔者在 2017 年 12 月至 2020 年 1 月两年的时间里，几乎都沉浸在研究的实践场域内，在场域内的身份也随着对场域情境的理解、和其他实践主体之间的深层交流而发生着变化。①2017 年 12 月至 2018 年 6 月的社区居委会实习学生助理；②2018 年 6 月以后，同时成为该街道社工为老服务志愿者，后来成为 R 社工机构服务项目的志愿者与服务督导，同时参与 C 社工机构服务督导工作；③2019 年 7 月至 2020 年 1 月作为 R 社工机构为老服务项目负责人。作为研究者，同时作为实践者，几乎以半年时间为节点，在实践场域内不断进行着身份的转换，具体如图 1-1 所示。

图 1-1　在实践场域身份的转换

此过程中身份的转变主要涉及对问题情境的重新定义，即研者通过在具体实践过程中不断与复杂的、不稳定的实践情境展开对话，舍恩将其称为"反映性实践"，从而不断适应情境以及重新调整工作方案。因此，在实践研究中，笔者一方面在具体情境中展开实践，另一方面不断实现情境反思，展开反映性对话。正是在此过程中实现身份层次的递进，以不断适应实践情境。这种身份随着实践场域本身变化，以及研究者同时作为实践者对实践场域的认知变化，所依赖的正是上文所强调的实践情境中的"反思性"思考。当然，这种身份的转换一方面说明了实践情境的不稳定性，另一方面也展现了场域内不同实践主体实践策略及其背后实践意识的流动性变化。

社会工作专业背景的研究身份，为研究工作提供了"第三只眼"。笔者经历了从"场域边缘观察"到"彻底入场"的研究过程。2017年底至今，通过社区居委会实习学生助理、社工机构志愿者、社工机构服务督导、社工机构项目负责人身份的多重转变，笔者对街道、基层社区、服务对象、社工机构也有了更深的了解。研究初期的居委会实践为研究的持续和深入开展提供了优势，在较大程度上降低了笔者以场域外社工专业学习者身份深度涉入社区的难度，为有效了解社区实情奠定了重要基础。在此过程中，社会工作的专业特质也为笔者提供了重要的"同理心"的优势，便于理解多方主体的行为意图与心理特征；专业敏感性则能够帮助研究者在场域内观察服务对象的需求点、专业服务提供的漏洞与突破口等重要信息；专业能力则为彻底入场后展开深入实践与深入探究提供了重要支持。笔者深信"一切只有在参与后才能获得更为深刻的理解"，在研究中要充分利用研究者社会工作专业背景这一优势，以及考虑到社会工作这门学科强烈的实践取向等特质，因此，相比通过短期的调研来获取基础资料进行研究，笔者真正踏进了实践场域，希望对研究问题本身、研究问题背后的原因和发生机制以及研究问题可能出现的动态发展有更为深入的理解，从而增加问题研究的深度。但是，需要注意的是，研究者的过度涉入，抑或准确来说，研究者涉入实践的深度会影响研究判断与研究结果的客观性。在此过程中，反思性实践对于研究者本身来说至关重要。

在为期两年的实践研究过程中，笔者与街道内与研究议题相关核心实践对象始终保持对话，通过日常接触、访谈记录或针对某一实践议题展开深入探讨的方式，收集对研究议题有价值的信息，从而反馈来自基层实践的真实声音。如下具体呈现四类核心实践主体。来自购买方的街道副科长。社会工作服务项目多为社区民政科（现社区建设办公室）所购买，因此科室主任以及相关工作人员对于项目购买初衷最为了解，也能够给出对项目实施成效的真实想法。反映社区居委会真实想法的是社区居委会主任与工作人员，社区居委会主任作为居委会组织内部的核心管理人员，在社区内部事务处理与对外交涉的过程中扮演着代言人和拍板者的角色，因此成为代表场域内社区居委会方资料收集的主要来源。社会工作机构内部的项目负责人、机构社工与实习社工。社区老年居民，在实践研究的过程中笔者曾与众多社区老年居民展开交谈，以收集服务对象的真实看法与意见，所呈现的服务对象的反馈，是发生在具体服务场景下社区老年人的想法与意见，具有场景下的代表性；书中对社区老人的相关描述，均来自与社区老人的持续性沟通和互动，并没有掩盖来自社区老人的声音。

购买方：街道民政科副科长 k。

社区居委会：①C 社区新居委会主任 w，35 岁，C 社区居民，基层工作经验 6 年；

②C 社区老居委会主任 z，2019 年退休，基层工作经验 10 年；

③Y 社区居委会工作人员 c，30 岁，基层工作经验 3 年；

④Y 社区新居委会主任 l，40 岁，基层工作经验 6 年；

⑤校内社区居委会主任 m，2019 年换届后的唯一在任老主任，基层工作经验 9 年；

⑥W 社区老居委会主任 t，56 岁，基层工作经验 9 年。

社会工作机构：①R 机构 "家庭助理" 前项目负责人 g，31 岁，社工实践经验 7 年；

②R 机构社工 k，社会工作硕士研究生在读，实践经验 7 年；

③R 机构实习社工 y，社会工作硕士研究生在读，24 岁；

④R 机构实习社工 s，社会工作硕士研究生在读，24 岁；

⑤R 机构实习社工 n，社会工作硕士研究生在读，23 岁；

⑥C 机构 "以小助老" 志愿团队项目原负责人 h，26 岁，社工实践经验 1 年；

⑦C 机构 "以小助老" 志愿团队项目后期负责人 w，24 岁，社会工作硕士研究生在读，社工实践经验 1 年。

社区老年居民：①Y 社区老年居民 l，63 岁，退休在家；

②C 社区独居老人 l，教师，83 岁；

③W 社区老年志愿者 z，63 岁，志愿服务经验 8 年。

二　对比研究方法

对比研究方法一方面是基于对科学探究问题的追求，另一方面取决于在研究田野中所提供的可供进行对比研究的现实基础。本书的田野中，存在多重对比因素，为本书从更为完整的角度去认识社会工作机构与社区居委会二者之间的关系奠定了重要的基础。一是社区的异质性。正如上文所述，街道内存在两种不同类型的社区，即以退休教授为主的社区和以退休职工为主的社区，且分别具备不同的社区资源与网络。这两种不同类型的社区能够从不同的方面反映社工机构与社区居委会各自的服务细节以及二者关系可能的发展方向，在这种关系演变脉络中可观察到各自的局限性与能动性。二是社会工作机构之间的异质性。同属社会工作行业领域的社会工作机构之间既有行业共性特点，也有发展的先后差异，两家社会工作机构在成立年限、专业背景、团队力量、服务实况等多方面存在差异，这种差异性背景为该研究议题的深入分析提供了重要的观察视角。三是居委会换届。在笔者实践期间，社区居委会经历了"新人"换"旧人"的居委会换届工作，7个社区中，曾在社区居住且担任社区居委会主任多年的老居委会主任，逐渐被居委会内部更为年轻的社区工作者，以及对外招聘的社会工作者所替代。这种社区居委会团队面貌的转变同时也预示着工作风格的转变，因此，社会工作者与新一批、更为年轻化的社区工作者打交道的历程，将为本书研究奠定更为丰富的现实基础。

第四节 创新点与难点

一 研究创新点

一是微观视角的切入。面对社会治理、社区养老服务、社会工作本土化等宏观议题，本书选取在常见的社区居家养老服务中，通过政府购买契约的签订，社会工作机构获取基层社区的实践权，进入社区后，以与社区核心自治组织——社区居委会的日常沟通交流为抓手，描述社区养老服务困境、社会工作服务的专业化进程以及社区治理所面临的问题。社会工作机构以服务型治理的理念深入社区事务，从二者优势特点、实践思维、实践风格等多细节进行挖掘，有助于从中找到解决社区居家养老服务难题的突破口。如何从社区整体意义上，即从基层社区治理的角度去探索社区发展路径，以及如何实现社会工作专业适合我国国情、社情的本土化发展。这些问题的解决都离不开在特定社区情境下二者之间的实际碰撞、交流、学习，深入探究认识社会工作这门专业，了解我国社区老人的真实需求和符合不同老人求助特点的需求回应方式，以及作为基层治理的核心骨干——社区工作者的优势特色、不足及未来的前进方向。

在以微观视角探索社会工作机构与社区居委会二者关系的动态发展变化时，笔者借助布迪厄的实践理论，以场域、惯习、资本等核心概念为主要理论分析工具展开分析。该理论的优势在于从关系的角度出发去探究二者之间的交流与碰撞，探索场域的种种可能发展空间，在承认社会工作机构、社区居委会在共同社会文化背景下受到一定的结构性因素限制外，在社区场域中，依然存在较大的自主性和能动性空间，促进着场域内部的结构塑造，二者通过深入接触了解对彼此的渗透与影响，甚至对外场域的影响。二者的关系发展真实体现了人与人之间直接打交道的过程。而无论是结构性的、历史性的客观影响，还是个体的生命历程的塑造，这些因素综合地影响着两大主体的实践行为及二者之间相互磨合而产生的关系。更为重要的是，持续的交流与碰撞往往也有可能发生意识的转变乃至行为的转变，即布迪厄所认为的行动者在隐性的时间维度中，多年来受无意识与有意识的影响指导着自身的行动以及与他人的互动方式，但在与外来新主体的不断互动中，改变了对他人、对自身、对所处情境的感知与理解，从而重新定义他人、定义自身、定义情境，重新塑造情境并赋予一切以新的意义。

二是研究方法的创新。研究者通过实践研究的方法，同时作为实践者融入实践场域，对研究对象、研究关系、学术研究场域、自身研究身份都是一番新的审视与理解。研究者与研究对象的关系既是研究的主客体关系，又不局限于研究的主客体关系，研究者致力于以更为平等、直接、深入的渠道去认识研究对象的真实处境，以及研究问题本身所处的复杂的社会情境。研究的田野不仅作为学术观察的场域而存在，同时作为研究者的实践场域而存在，"场域的交叠"从某种意义上避免了布迪厄所担心的学术研究者将作为思考的主体代替时间的主体、"学术认识"代替"实践认识"而导致的学术世界与现实世界之间的分割。在研究过程中，研究者自身的实践经历始终被融入实践场域和学术研究的场域中，专业的背景以及时刻意识到自身本就生活于本土之中，这些思绪将在无形中缩短研究者与机构社会工作者以及社区工作者和社区居民之间的研究距离，拉近现实距离。无论对于田野实践，还是研究本身，都将是有利的。

此外，对比研究的方法，无论是不同社区案例之间的对比分析，还是不同社会工作机构之间的对比分析，都将为更为全面、更深刻地认识社会工作机构与社区居委会二者之间的关系演变提供积极的帮助。这种帮助主要体现在以下两个方面。一方面，认识到组织与组织、个体与个体之间的差异以及它们本身所具有的丰富性，这些丰富性的认识，将有助于消解人们对于产生固定服务模式的执着以及防止固化、刻板印象的生成。另一方面，在上述理解的基础上，有助于人们更好地理解时间维度在二者的交流碰撞中所发挥的隐性力量。时间这一关键因素的作用发挥，从整体的视角来看，主要体现为社会工作机构面对项目的服务周期与具体的评估节点等硬性时间约束时，如何调整实践场域内的行为策略，在服务效率与专业效能之间尽可能实现平衡。从更为精微的实践经验出发，这主要突出了场域内时机的重要性，社会工作机构对有利时机的精准识别、有效把握与运用，不仅可以建立与社区居委会之间的信任纽带与增强合作共识，还可以拓宽服务的覆盖面与深化服务的影响层次。其所促生的结果正是场域内实践主体自身能动性、灵活性以及弹性的发挥，影响着场域内部的结构性流动方向。

二 研究难点

（一）身份的澄清与把握

正如前文所述，两年的时间中，笔者经历了多次的身份转变。由于 2017~2018 年社区居委会实习学生助理的身份，笔者与辖区内大学西门外三个社区的居委会工作人员以及社区内部分老人之间，随着密切、频繁的接触与交往的深入，建立了熟识与信任的关系。社会工作的专业背景，以及对社区居委会与社会工作机构如何建立更为有效的合作关系，共同促进社区为老服务的提供的执着思索，促使笔者在实践过程中不断深入两家社会工作机构，不断加大对项目开展全程的关注与专业探索力度。社会工作服务如何落地？如何专业化？如何理解本土的文化情境？如何从整体的意义这一角度出发？如何结合社区居委会的工作，推进社会工作服务项目的发展？如何将服务更为有效、更多地传达至社区老人？这些问题的思索都不断地引导笔者做更为深入的探索，甚至促使笔者更多地融入项目本身。这也才有了在田野中笔者逐渐发展为社会工作机构志愿者、社会工作机构服务督导以及后期的项目负责人。

这种身份的发展与转变属于笔者作为研究者基于探索问题的自觉、主动地改变，而在实践情境中，对于社区居委会以及社区居民来讲，这一转变较难理解和消化。从表面上看，笔者主动向社会工作机构靠拢，甚至逐渐代表社会工作机构去促进基层服务的提供；而笔者实际的目标，则是探索如何为社区老人提供更有效、更专业的社会工作服务，从社区整体的角度、社区治理的角度出发去推进社区内部建设与服务的发展，正如团体动力学之父勒温所述："了解这个世界的最好方式就是改变它"①。

难以避免地，笔者在社区多次受到来自社区居民和社区居委会工作人员关于同一个问题的询问："你现在是代表 R 社工机构他们吗？"随之而来的可能就是社区居民与社区居委会的不再信任，这是笔者在研究和实践中面临的重大难题之一。这一询问不仅体现了社会工作机构与社区居委会之间的关系，也体现了社区自身对落地其中的项目的不了解，因而，直接呈现代表不同实践主体的不同利益随时可能发生碰撞的局面。而面对此问题，笔者需要做出的是一次又一次的澄清与解释，解释自身的专业背景，解释作为研究者和社会工作者对社区养老问题、社会工作服务的认知与理解，去说服对方并持续获取信任。更为重要的是，以探索中的专业实践去获得来自社区居民以及社区居委会的认可。但就身份的澄清与解释这点而言，这也正是笔者专业背景、研究议题以及所选研究方法难以避免的，充足的心理准备与耐心在研究过程中是必要的。

（二）研究者的自省与抽离

对于社会工作机构与社区居委会之间的关系研究而言，笔者的专业背景和身份更似一把"双刃剑"，运用得好，将有助于笔者认识社会工作行业以及社会工作机构的处境与现状，以专业视角分析社区问题、探索专业本土化发展的路径。而运用得不好，过度地向社会工作者身份、项目内身份倾斜，偏离研究者的身份，缺失对研究客观、公正的审视，则会对问题产生过于主观性的理解倾向与误判，研究话语过于代表某一方利益而呈现强烈的立场性特征。而研究本身所追求和需要实现的，即研究本身、研究者既要无限接近实践者的立场，但同时又要尽力做到研究者自身的"隐形"，做客观公正甚至是

---

① 转引自〔美〕唐纳德·A. 舍恩《反映的实践者——专业工作者如何在行动中思考》，夏林清译，教育科学出版社，2007，"译者序"第 2 页。

无立场化的表达，反映社会现实，为读者呈现未接触到的现实的整体性描述与深入性探究。

　　研究者的不偏不倚，对于就某一议题所涉及的现实中不同主体（不同学术主体和实践主体）而言，都是极为有利的，有助于不同主体从多元、丰富、具体的分析中汲取到有效的思维引导与实践指向，有助于形成完整的问题认识，从而推进更为深刻、全面的问题探讨以及实践发展。因此，研究者的自我平衡与自我反思在研究与实践过程中至关重要。既要实现在社区居委会立场与社会工作机构立场对问题深入探究的平衡，又要实现研究者身份与实践者身份之间的平衡。过度向特定身份倾斜都会产生对问题的倾向性选择与判断，致使研究结论陷入自身所制造的局限性中。

　　（三）研究问题的深入程度

　　研究初期，笔者执着于研究社区居委会与社会工作机构之间如何塑造成功关系的模型，从而扩大该议题的探讨价值与研究价值。然而在实际的研究与实践工作中，无论是社会工作机构自身专业化力量的薄弱、团队力量的不足，还是社区居委会长久以来累积的工作思路与工作方式、自身能力的限制，以及社区居民自身素质与意识的局限，都证明了初期设想的理想化。无论是本土化专业的发展、行业的发展，还是基层组织能力的提升以及社区居民意识的转变，自身都携带着长久以来历史与社会结构所遗留的烙印，而这些转变与发展更依赖于几年甚至十几年、几十年的长期时间维度上的引导、影响与渗透。而在社会工作发展初期的现实面前，以及我国社区发展的基本问题与现状，种种复杂性与不稳定性，都决定了探讨二者之间成功的关系模型在当前时期的真实效用的局限性。也正是基于此，本书在核心内容上着力于探讨社区居家养老服务实践场域的特征、场域内主体的特征和实践主体之间的动态关系演变及其类型，以及实践中所探索出来的促进二者之间产生良好关系的积极因素等具体内容。可以看出，在研究问题的探讨上，笔者选择了与研究议题相关的、更为实际的具体化议题，而这都取决于当前的社会发展背景以及二者所处的现实社会情境。

当然，这也代表着研究问题的深入依然具有较大的探索空间，有关专业的本土化发展路径、如何建立有效的互动模式、多样化角度理解二者之间的关系等，都将是该研究议题相关的、值得深入探究的问题。但受研究时长、笔者研究能力、人生阅历、社会经历等多重因素限制，深入探讨研究问题的道路依然很长，且挑战重重。

第二章　社区居家养老服务场域

第一节　社区居家养老服务实践场域

一　包含于权力场域的社区居家养老服务实践场域

在布迪厄的实践理论研究中，场域、惯习、资本等基本概念的运用旨在从关系主义的角度出发，以系统的方式落脚在行动者的实践上。当然，这里布迪厄特别突出了自身所指的实践乃是一种人类一般的日常性活动，更为准确地说是实践活动（pratique），如劳动经济活动、文化活动、日常生活活动等，以此来区分实践（praxis）这一在法语语境中带有理论上的夸张性印象的用法。与此同时，在以关系的思维方式运用场域展开分析时，布迪厄指出了分析过程中必不可少的第一个环节，即分析该场域与权力场域相对的位置。这种分析的目的是，首先认识到该场域绝非一个"孤岛"，而是与其他场域，尤其是权力场域存在重要关系，通过对该场域与权力场域之间的张力做生成性分析，真正把握场域的结构，找准场域的基本定位。老年人习惯居住于家庭，生活于社区，为老年人营造安全舒适的养老氛围与生活环境，提高老年人的晚年生活质量，是全社会的共同课题。对于独居、空巢老人来说，在其日常生活内容中，社区作为养老服务提供的平台所发挥的功能和作用越来越重要，成为养老服务提供的重要实践场地。

（一）"指导"变"领导"

社区居委会作为基层群众自治组织被赋予社区管理与服务的合法性权威，在社区服务提供中，尤其是在社区老年居民的日常生活协助上，扮演着重要的角色，发挥着重要的功能。社区居委会这种管理身份，在工作内容上强调处理内部居民纠纷、维护社区内部和谐稳定；结合社区居民的特点与需求，落实相关社会福利政策；在工作绩效考核上依赖直接上级指导单位，即受所属街道办事处直接评定的影响；日常工作内容的直接向上反馈说明了作为社区代言人的社区居委会，即使拥有法定意义上的自治地位，在承担了主要的公共服务提供与日常管理工作的情况下，依然处于被动、依附与被支配的地位。这也正是一些社区居委会主任经常提到的"指导"变"领导"。

（二）"合作"变"顺从"

社区居委会的组织形式与功能发挥起源于20世纪50年代初期，其自身所经历的变迁也是整个社会时代发展的缩影。作为始终"在场"的在地化组织力量，社区居委会在社区日常管理与服务中承担了重要责任。而面对老龄化问题加深、养老任务日趋沉重的社会现实，越来越多的社会、市场力量进入社区居家养老服务的空间，其中包括公益与非营利属性突出的基金会或其他志愿者组织、以专业力量为主要服务特色的社会工作机构，以及在当前大力推动养老驿站建设的情形下，众多提供市场化服务的养老力量，这体现了当前社区居家养老服务实践场域内部多元共存、多方供给、一派繁荣的景象。

然而，无论是社会工作机构还是参与其中养老驿站建设与服务的市场力量，"合作协议"的签订并非等同于实质的合作关系的形成，也并不能完全决定后续实际的合作内容。市级、区级或相应街道办事处作为服务购买方，将其他社会或市场力量定义为进入社区提供服务的外在力量时，也造就了社会工作机构等外在力量在双方关系中的被动地位，甚至在具体实践中，社会工作机构将不得不依附于社区居委会开展各项专业服务活动，"合作"也将变为"顺从"。二者的这种关系，一方面凸显了合作关系构建中限制性力量的存在，另一方面具体体现了在合作内容、服务提供方式、服务最终成效评价标准、服务的验收与评估中社会工作机构等外在力量相对弱势的地位，限制了社会工作机构等外在力量在社区居家养老服务实践场域中的真实操作空间与操作方法。当然，这并非绝对意义上的自主性的丧失，正如社区居委会自治功能被弱化而非彻底丧失一样。正是基于此，社区居家养老服务实践场域，相对于权力场域而言，依然处于依附与"被支配"的地位。

二　社区居家养老服务实践场域的性质与边界

为了认识实践活动本身，布迪厄常以游戏的参与来类比行动者在其所处场域中的投入。他认为，场域是一个没有创造者的游戏，却又比任何人为设置的游戏复杂多变。场域有其自身特有的逻辑与应当遵循的规则，但场域本身是一个潜在、开放的可能性空间。行动者如游戏者一样，都同意游戏是值得参加的，形成了一种游戏共识，并且会做出一定的游戏投资；游戏之中也有将牌和主牌，牌的效力大小随着游戏的变化而变化。在社区居家养老服务实践场域中，如何理解游戏本身和游戏者的存在？这其实是对场域形成的核心（行动者为什么选择投入其中）、游戏者手中所持的牌面、游戏者的策略等基本问题，尤其是对社区居家养老服务实践场域的独特性加以把握的过程。

（一）社区居家养老服务实践场域的性质

在社区居家养老服务实践场域，所关注的核心目标将永远是如何更好地满足社区老人的需求、解决社区老人的问题，创造良好的社区居家养老服务氛围，提高其晚年生活质量。老年人，即服务的终极对象本身，是对该场域展开分析的出发点和最终落脚点。那么，社区居家养老服务实践场域形成的核心，也是布迪厄所说的游戏存在的本身，即老年人服务需求的满足、问题的解决这一根本出发点。参与该场域开展实践活动的行动者，以及实践者自身所拥有资本的价值，都取决于老年人存在相应的服务需求这一基本前提。也正是基于此，实践者的实践活动才得以发生，以及实践者的资本效力得以拥有发挥的空间，实践者才可以在场域内通过资本效力的发挥对社区老年服务对象及其他力量主体施以影响，最终场域才表现为一种力量关系，作为一种可能性空间实现动态发展。

相对于权力场域，社区居家养老服务实践场域是养老服务提供主体参与其中，向服务终极目标——社区老人提供服务的空间。正如上文分析，社区居家养老服务实践场域包含于权力场域，社会工作机构与其他市场力量通过签订服务合同，与购买方建立合作关系，因而获取了在场域内开展服务的合法性，得以进入社区居家养老服务实践场域。社区居委会作为法定意义上的基层群众性自治组织，肩负社区管理与社区服务的职责，以在地的特点在社区居家养老服务实践场域中占据着重要的地位、发挥着重要的作用。在本书案例中，Y 街道内部均为老旧单位式社区，缺乏普通街道的物业力量入驻，在社会工作机构进入社区居家养老服务实践场域提供服务的同时，也有基金会力量进入服务场域提供过相对短暂的服务，在 2020 年末还有外部市场力量合作建设社区养老驿站。与外部力量合作发展、共同推进社区居家养老服务成为 Y 街道重要的发展策略。当初步脱离购买阶段、完全进入实践阶段后，街道作为购买方的影响力开始减弱，但并未完全退去。选择去弱化其中的一些主体力量而去凸显其他主体，完全取决于：服务的目的是什么、服务于谁、如何服务？也正是在日复一日的社区居家养老的常态化服务实践中，对于这三个基本问题的持续叩问，将社区居委会、社会工作机构、社区居民三个主体力量始终放置在了问题分析的前端和核心位置。

社区居委会自身社会管理与社区服务的双重职责定位，在现实生活中往往表现为管理重于服务。社区保持安定团结的首要目标、日常行政任务的繁重，缺乏时间、精力与必要的资源支撑开展社区服务，是导致社区居委会管理重于服务的重要原因。因此，管理也往往被社区居委会视为现实情境下的主要工作。但这并不代表社区居委会社区服务内容的缺失，社区邻里纠纷调解、社区老年人日常服务需求满足、社区绿化规整等社区内部涉及社区居民日常生活的大小事宜，均依赖社区居委会解决与处理。政府对社区弱势人群，如残疾人、老年人、妇女、儿童下发的相关福利资源，以及政策的落实工作均落在社区居委会身上，社区居委会也因此更受社区弱势人群的拥护。此外，面对不同类型的社区居民，日积月累打交道的经验使得社区居委会深刻了解居民性情、生活背景，而在日常工作中成为居民生活的一部分对社区内各项工作的开展也有众多益处，因此也发展出了积极的适应该场域的生存策略。这些生存策略的内容是丰富的，涉及如何既建立居民信任又能增加自身威望，如何识别居民需求、意图与问题，如何借助社区资源助力自身管理与服务工作的开展。因此，社区居家养老服务实践场域成为一个工作场域、服务场域、生活场域等多种场域重叠、多种特质融合的空间，决定了社区居家养老服务实践场域的基本属性与进入场域所应遵循的规则。脱离社区老人的生活、无法建立信任、缺乏有效的服务路径、缺乏相应的场域生存常识都将被场域淘汰，无法参与游戏，最终游走于场域外围。

（二）社区居家养老服务实践场域的边界

正如布迪厄所述，场域的边界是一个非常难以回答的问题，即使作为场域自身内部的关键问题，也只能通过经验研究，在实际的具体场域世界中行走，去估量场域是如何构成的，场域本身的效用限度在哪里，哪些行动者通过了场域本身的"进入壁垒"并获取了通行证，又在多大程度上受到场域的影响，在多大程度上影响了场域本身的再塑造与转型。

布迪厄给出了场域效用限度来考察场域边界的思考起点，那么场域效果停止的地方即场域的边界。如此，在社区居家养老服务实践场域，围绕通过服务的提供满足社区内老人的多样化的服务需求这一终极目标，进入和存在于场域的合法性凭证的基线标准则应为与社区老人之间"服务关系的建立"，这种服务关系一旦建立，介于服务提供者与社区老年人之间的"责任纽带关系"便也随之建立。这样一种客观关系的建立，确定了哪些行动者会被卷入该场域，在受到场域效果影响的同时也会反向向场域给出反馈。正如上文所述，选择去弱化其中的一些主体力量去凸显其他的，完全取决于：服务的目的是什么、服务于谁、如何服务？在所选研究案例中，基金会、养老驿站、高校志愿团队都与社区老人建立了直接的服务关系，但实际的服务情况是，在联合高校志愿者为社区内老人制作人生回忆录的服务形式下，选择街道内7个社区中的3个社区，建立服务关系的老人总量为6人，在15天的紧密交流、访谈中完成资料收集，至此退出社区，进行后期文字整理与加工工作，以完成该基金会人生回忆录项目。基金会在取得街道认可、居委会协助推荐老人的情况下，取得了进入场域的合法性，与社区老人建立了服务的信任关系，但在场域内服务时间短暂、服务覆盖面狭窄，作为一次性的服务出现，场域的效用也仅作用于短时间的互动。因此，服务关系建立的时间长短、服务覆盖面都是必须考量的现实因素。

此外，社区居家养老服务实践场域的边界不受地理边界的限制，可以超越地理边界，是一种无形的边界存在样态。而这同样取决于与社区老人之间客观服务关系的存在。服务关系只要存在，就依然在场域之内，受场域的影响。在社会工作者协助社区老人外出医院挂号就诊的过程中，虽远离社区，相互之间的责任关系依然发挥作用。具体表现为，社会工作者陪同老人外出就医前，已向兼具社区管理与服务主体职责的社区居委会进行了报备，就外出主要事项、社工与老人的联系方式均做预留，确定突发问题时的紧急联系人；同时履行社区居委会对于作为社区弱势群体的社区老人采取的日常生活追踪以防止意外发生，以及对社会工作机构的服务监督工作。同理，在机构办公的社工接听到来自社区老人的求助或咨询电话时，也应进行电话解答或调动外部资源及时协助老人，远离场域但又不离场域。因此，无论是社会工作机构还是社区居委会，与社区老人之间建立的"责任纽带关系"，不仅确立了二者是场域内重要的行动者，也表明二者受到场域本身的直接制约与影响。

三　场域内实践主体的资本类型与场域位置

布迪厄用场域来说明行动者在哪里实施实践活动并如何影响活动效用的发挥。布迪厄对场域的分析过程，也是对场域中行动者实践逻辑的呈现过程。从分析的角度上看，场域是作为一个各种位置间的客观关系网络存在的，而每一个场域亦有其特殊性。场域内部的动力学原则就在于这种结构形式本身，场域内不同相对位置之间的距离和不对称关系在建构场域规则的同时，也为实践主体的认知系统发展与实践策略调整提供了改变的可能性空间。研究者借助经验研究，对场域内积极活跃力量的筛选过程，即考察与估量场域内部核心构成的过程，也就是认出哪些人卷入这个分析的世界，而哪些人没有，并且确定与场域直接相关的发挥效力的资本的过程。

（一）资本占有与场域位置

布迪厄指出，不论场域类型的大小，均会存在一定程度的制度化的"进入壁垒"，"进入壁垒"的存在限制了外来实践主体进入的数量，也决定了场域本身固有其内在结构与运行秩序，场域合法性的获取既需要跨越"进入壁垒"的限制，还需要熟悉场域运行的秩序、融入场域发展的内部结构。对于外来的社会工作机构而言，相较于社区居委会的在地化特征，则需要突破层层障碍，最终才能在社区居家养老服务场域获得立足之地。社区居家养老服务场域衍生于老年人养老服务需求的满足，服务提供者与社区老人之间良好服务关系的建立是各实践主体获取场域合法性的关键。而服务关系的建立则必须依赖相应的服务资本，服务资本的提供基础为各实践主体存在于场域提供了重要的现实根基，也是不同实践主体体现场域位置优势、选择场域互动策略的重要抓手。

在布迪厄的社会学分析中，资本表现有四种基本类型，即经济资本、文化资本、社会资本和象征资本。经济资本是其他类型资本的基础，其他类型的资本也有其独特的运作逻辑，而其他类型资本可通过贬低经济资本价值的策略来呈现自身资本效力。文化资本以三种状态存在，一是已经身体化的状态，耳濡目染中所形成的相对稳定的言辞、姿态、偏好、思维认知等；二是客观化地表现为以一些诸如书籍、电脑等理论化、知识化的状态存在；三是制度化的状态，比如某些资格的认证等。社会资本所体现出来的则是或多或少在制度化的相互交往、相互熟识的基础上所累积起来的资源总和，一个特定的行动者所能拥有的社会资本总量，取决于他有效动员的关系网络的规模。象征资本有着符号价值，能够产生符号效应，能够引起他人的承认、信任、顺从等。比如，在布迪厄对阿尔及利亚的伯伯尔人的考察分析中，两个伯伯尔人家庭之间婚姻关系的建立，必须邀请有名望的"担保人"出面以做正式证明来说明象征资本的效应发挥过程。① 这种象征资本基于长久以来所累积而成的全部的尊重与信任，在特殊情况下调动远近关系网络并且取得一定的合法性。值得注意的是，依据场域类型、场域大小的不同，其所体现出来的资本及呈现的样态是不同的，而且资本的相对价值是由每一个具体的场域，甚至同一个场域前后不同的发展阶段所决定的。

（二）社区居委会的资本形态

在社区居家养老服务场域中，分析社区居委会所占据的资本类型，就必须了解社区居委会获取资本的途径、场域内资本呈现的形态、资本发挥效力的过程。1954 年，第一届全国人大常委会第四次会议制定并通过了《城市居民委员会组织条例》，第一次以法律的形式规定了居委会的性质为"群众自治性的居民组织"，赋予了社区居委会法定意义上的权威，也确定了社区居委会办理各项公共事务与开展各种服务的职责与权利。1990 年颁布的《中华人民共和国城市居民委员会组织法》进一步凸显了社区居委会在促进基层社会主义民主和城市社会主义物质文明、精神文明建设发展过程中的重要作用。在社区日常公共事务中，如弱势群体救助帮扶、环境卫生整治改造、社区公益事业发展、社区矛盾纠纷调解等，社区居委会更是扮演着举足轻重的领导角色与调解角色。社区居委会"公开透明""公平公正"的处事原则，"急事当先""勇闯一线"的工作作风，不仅有效解决了社区居民的各项生活困难，满足了基本需求，形成了社区居民的求助惯习，还赢得了社区居民的深厚信任。对于社区常住居民而

---

① 〔法〕皮埃尔·布迪厄：《实践感》，蒋梓骅译，译林出版社，2012，第 166 页。

言，社区居委会不仅是日常服务咨询的重要窗口、意见反馈的重要渠道，更是早已融入生活的"老熟人"，甚至在对外关系中更是"娘家人"一样的重要存在。对于子女远在外地、无法及时出现的社区独居、空巢老人而言，社区居委会是日常生活里的重要帮手、信任对象与情感依托。社区老年人对社区居委会的信任与依赖已经超越了生活层面与日常事务层面，更延伸至了心理与情感认同的层面。"有事找社区"的求助惯习在日常生活中得以不断强化，社区居委会的社会资本以及在居民心目中的象征资本形象也越来越深刻。但也应同时注意到社区居委会在经济资本上的局限性，这种局限性主要体现为经济资本的存量较少与自主性弱。不论是居民反映突出的社区公共性议题还是社区各类活动的举办，社区居委会都需要向上申报、逐层审批，获取活动资金。经济资本的匮乏与资金审批的缓慢阻碍了社区居委会开展各项养老服务活动的积极性，使得社区居委会在社区居家养老服务方面有计无备、进退两难。

（三）社会工作机构的资本形态

对于社会工作机构而言，政府购买社会工作服务进入社区居家养老服务事业，提供了前提性的制度空间、政策机会以及入场的合法性凭证，服务契约的签订更是为进一步具体落地社区、展开实践奠定了直接基础。在社区居家养老服务实践场域中，社会工作机构所具有的资本是独特的，也正是这种独特性促使政府决定购买服务。社会工作机构立足社会工作这门专业，以自主组织化的途径成为社会工作者这一职业群体的主要聚集单位，在具体的实践摸索中发展出了上有机构理事长与委员，同时拥有财务、行政、研发、项目等横向分布的团队或具体工作人员的组织形式。社区居家养老服务实践场域的专业服务类型涵盖老年社会工作与社区社会工作，往往由机构下设的老年社会工作项目团队提供服务。对于社会工作机构而言，其所拥有的资本形态是独特的也是丰富的。

首先，专业基础是社会工作机构所掌握资本的首要核心要素，这种专业资源体现在社会工作"助人自助"基本价值理念下，社会工作者所拥有的基础的个案、小组、社区等服务方法以及具体情景下所使用的服务技巧。这样的专业基础能够协助社会工作者运用专业所学去解读服务对象及服务对象所处社区的基本情境，判定问题、分析问题、制订服务计划、评估并完成服务计划。这种来自专业力量的、重要的资本形态对社区居家养老服务实践场域来说，有其独特性与重要性，这种资本正如布迪厄所陈述的一门希腊语或积分学的知识一样，是经由系统化的课程训练与长时段的刻苦学习所积累起来的，具有不可替代性。其次，社会工作机构通过签订服务协议进入社区居家养老服务实践场域，通过工作开展，获取了来自上级政府，尤其是对社区具有直接影响的街道的支持、推荐，内含一种上级决议、向下推行的意义，因此在场域内的各种活动，不论是针对社区老人的服务提供还是与社区居委会的沟通，都具有实践合法性，并逐渐获取了重要的象征性资本。再次，相较于社区居委会的"想办事却没钱"的经济拮据状态，社会工作机构进入社区居家养老服务实践场域是带着为老服务的专项资金来推进服务计划的，因此专业资本的背后还具有相对优势的经济资本。最后，社会工作机构在自身专业资本的基础上，具备重要的资源挖掘、资源链接、资源提升能力，能够在现有服务内容与服务需求的基础上，引入外部非营利性的基金会、志愿者资源与市场力量（针对老人的送餐、艺术教学、理发、修脚等），这些社区居家养老服务场域所急需的服务力量，正是现有场域主体所缺乏的服务能力、所欠缺的资源类型。

通过上述分析，我们可以直观了解到在社区居家养老服务实践场域内，社区居委会与社会工作机构具有不同的资本类型与特定的表现形态，具体对比如表 2-1 所示。

表 2-1　社区居委会与社会工作机构的基本资本类型与表现形态

基本资本类型	场域内具体资本表现形态	
	社区居委会	社会工作机构
经济资本	依赖上级拨款（向上申请）	项目资金支持
文化资本	长久社区工作积累、契合社区居民特点、偏好、需求的言辞、姿态、思维认知等地方性文化与知识 居民的基本信息、过往服务经验	社会工作专业理念、知识、方法与技巧，专业院校毕业的背景，作为职业性存在的专业资格认证的集体氛围
社会资本	居民邻里网络、社区志愿者等内部组织、社区积极分子等社区内部居民网络支持系统	来自外部的非营利性的基金会、志愿者资源与市场力量（针对老人的送餐、艺术教学、理发、修脚等） 具备资源挖掘、资源链接、资源提升能力
象征资本	自治主体、管理与服务职能定位的"社区代言人" 在老年居民心中有较高的认知度、信任值、认可度，"娘家人"	与购买方（上级）服务协议的签订获得的"入场合法性"

（四）资本效力与社区居家养老服务实践场域发展阶段

布迪厄常以参与游戏来形容行动者融于场域的活动，在场域中，一种资本本身的价值，主要取决于某种游戏的存在，使这项技能得以发挥其作用。在社区居家养老服务实践场域，以服务社区老年人，满足其需求、解决其问题为终极目标，这也是社区居委会与社会工作机构等实践主体卷入这场游戏的根本原因。无论是社区居委会还是社会工作机构的多重资本类型，都是因为场域本身需要而成立的，具备场域效用价值，拥有资本效力。但布迪厄同时也指出了资本效力与资本相对价值的发挥还取决于同一场域所处的不同发展阶段。因此，有必要结合场域的发展阶段展开进一步的分析。

首先，社区居委会作为基层群众性自治组织，其"在地"的性质与地位不仅来源于时代赋予的使命与基层治理的定位，还来源于长久社区管理与服务生涯中社区居民的认同与信任。作为政府与民众之间的重要桥梁，社区居委会在社区的地位是历史的、核心的与枢纽性的。"社区代言人"的身份，以及在社区老年居民心中"娘家人"的定位，决定了社区居委会在对内管理与服务中"当家人"角色和对外互动关系中的"关卡"地位。因而社会工作机构作为外来组织，凭借专业力量、以政府购买的方式进入社区居家养老服务实践场域，必然要过社区居委会这一重要"关卡"。在社会工作机构服务初期，社会工作机构对社区状况不熟悉、不了解，与服务对象之间的服务关系尚未充分建立，社会工作项目的服务尚未铺开的情况下，社区居委会所掌握的居民基本信息、过往积累的丰富经验，以及契合社区居民特点、偏好、需求的言辞、姿态、思维认知等地方性文化与知识等文化资本，就具备了充分的施展空间，如向社工机构介绍社区概况、引荐与推介服务对象、分享服务经验、向社区老人推广社工服务等方面；社区居委会所拥有的社区关系网络资本、在社区居民心目中的地位等象征性资本可充分帮助社会工作机构打破服务初期所面临的老人不信任、服务推不开等困窘局面。这些资本正是来源于社区居委会在该场域有效实践经验的积累与总结。值得一提的是，社区居委会所掌握资本并非仅仅作用于初期。更为准确地说，在社工机构服务覆盖面过窄、服务行进困难的情况下，社区居委会所掌握的场域资本将发挥重要的作用。在此种情况下，社区居委会"当家人"的身份得以充分体现出来，社会工作机构也更需要社区居委会的在场支持与协助，如此才能推进服务。

其次，对社会工作机构而言，其本身所掌握的文化资本、经济资本、社会资本等对于社区老人需求的满足是非常重要的，那么作为一种专业性力量的引入，其关键问题在于"如何落地"。即使被鼓励考取社会工作者职业资格证书，社区居委会拥有社工职业资格证书的人员比例依然较低，这不仅受限于工作人员年龄、工作繁忙以及其他私人因素，更重要的是，证书的考取并不代表专业能力的获取。社区居委会在日常事务处理与服务提供上，依然更多依赖经验总结，所给出的问题解决思路往往难以从根本上、从社区整体发展上进行处理，针对特定服务人群、特定问题的处理很难真正体现社会工作价值理念中的"尊重服务对象的独特性"，进而给出差异化、个体化的处理策略。因此，随着社会工作机构在社区服务实践的深入，社会工作的专业性在挖掘社区资源、链接外部资源、解决社区问题、扩大社区公共利益等方面发挥作用，而这正是社会工作机构多重资本发挥资本效力的空间与价值。

第二节 在场的社区居委会

一 社区居委会惯习解析及其形成轨迹

（一）深嵌体制脉络的管理与主场意识

日常生活中人们所谈论的社区往往指社区居民的居住与生活区域，然而作为城市最为基本的治理单元，社区并非简单的居民居住区域。相较于简单的生活功能，社区是集生产、休闲、综合治理、社会保障等多方面于一体的社会实体，社区居委会发挥着社会建设和社区发展、社区保障和社区救助、社区管理和社区服务等多项功能。[①]社区居民的日常事务办理须经由社区居委会与便民服务大厅进行确认与审核。作为以维护居民公共利益为主要存在价值的城市基层群

---

① 民政部社会工作司编《城市社会工作研究》，中国社会出版社，2011，第39页。

众性自治组织，^① 社区居委会的产生与发展变化，具有特定的时代背景，其在角色定位、职责权限、功能价值上的发展变迁也恰恰从微观视角折射了整个社会的发展。

新中国成立以来，居委会经历了形成、变化和发展三个重要阶段。①20 世纪 50 年代，社区居委会的形成。新中国成立后，废除了民国时期的保甲制，为巩固新生政权，将组织延伸到城市基层，在与群众的互动中建立起了具有群众自治性质的基层组织，此时，城市基层工作在政府强力推动和民众的激情合作下展开，此时基层社会处处充满活跃气氛。此时期也被后人称为"居委会自治发展的黄金时段"。1954 年，第一届全国人大常委会第四次会议制定并通过了《城市居民委员会组织条例》，第一次以法律的形式规定了居委会的性质为"群众自治性居民组织"。②20 世纪 60 年代至 70 年代末，社区居委会发展的停滞。1958 年，随着公社化压力的增大，城市居民委员会体制很快被"党企合一""政企合一""工农商学兵"五位一体的人民公社组织体制所取代，居委会开始行政化甚至革命化。它已不再是群众自治组织，而是一种集多权于一体的基层领导组织。职能的行政化、作风的官僚化，导致其与居民的关系日渐疏远。③20 世纪 70 年代末以后，社区居委会的发展。居委会的发展主要是指 20 世纪 70 年代末至21 世纪初所发生的组织性质的本质回归与积极变迁。这种变迁首先表现为居委会组织的全面恢复。据民政部统计，截至 1984 年底，全国已恢复和新建的居委会达 69 万个。其次表现为居委会组织的调整和强化。自 1981 年居委会归民政部管理以来，城市居委会在组织规模和范围、组织结构和内容、组织队伍、人员酬劳等方面有了较大的调整，组织建设得到加强，法治建设也日渐完善。1989 年，在原来

---

① 方盛举：《论城市社区建设中居委会的改革》，《学术探索》2003 年第 6 期，第 38~40 页。

的《城市居民委员会组织条例》的基础上所形成的《中华人民共和国城市居民委员会组织法》也在全国人大常委会上获得通过，它使社区居委会的建设纳入了制度化和法制化的轨道。[①]

20世纪50年代后期，我国开始大规模的工业化建设，城市的经济功能日益突出。在计划经济背景下，单位是城市社会的基本组织形式。作为城市社会主体的单位人，与单位所在社区的居委会并没有直接的利益关联，居委会成员主要由边缘人群担任。居委会内部事务十分简单，其经费开支来自政府，主要任务是完成政府工作，原有的自治功能也日益萎缩和消退。1958年后，居委会更多的是名义上的"基层群众性自治组织"，在实际工作开展中已成为国家政权的行政末梢。那时居委会的工作内容是以民政工作、民事调解、居住区环境卫生为主。据不完全统计，社区承担着社会治安、社会救助、就业、计划生育等100多项管理和服务工作。单鑫指出，居委会事实上的行政性并不必然改变居委会的自治属性，而居委会的行政化倾向，才是应该加以改正的。[②] 社区居委会本应是基层群众性自治组织，但有些本该基层政府部门直接完成的工作任务下推到社区，致使社区居委会成了一个职能包罗万象、具有无限责任的准行政权能的组织。这种行政性的状态是社区居委会生存的必然选择。组织性质的行政性倾向直接影响着社区工作者的工作环境和工作效率，也导致了社区居委会工作的变动。[③] 对社区居委会自治性功能的强调有其重要的现实需要，老龄化的社会现实、多样化的群众需求、日益复杂的社区问题需要社区居委会脱身于繁重的行政事务，改变行政导向，回归服务本

---

① 民政部社会工作司编《城市社会工作研究》，中国社会出版社，2011，第44页。
② 单鑫：《社区治理中居委会话语权再造：一个理论性分析框架》，《福建行政学院学报》2017年第5期，第1~8页。
③ 童敏、林丽芬：《参与式实务研究的经验与反思：一项城市社区社会工作的研究》，《浙江工商大学学报》2015年第4期，第104~109页。

质,将更多的时间与精力用于社区治理与服务工作,真正将社区建设为友好、宜居、文明的美好社区。

正是上述这种深嵌于体制脉络的发展历史与功能定位,决定了社区居委会在社区居家养老服务实践场域的主场意识。这种主场意识具体体现在两个方面。一方面,社区居委会负责社区的整体管理与规划以及社区全盘事务的有效推进。"将社区看作一个整体"是每一位社区工作人员内心的真实想法,对于社区居委会主任而言,事实更是如此。社区矛盾的解决、纠纷的调解、年度服务的规划、居民的服务、环境的整治与队伍的发展等内容与环节无不体现着整体思维。日常工作的开展训练了社区居委会的思维意识,也决定了社区居委会必须具备大局观,以公平公正的原则行事,切实代表与维护居民利益。另一方面,社区居委会在对外事务处理中扮演着重要的社区代言人角色。近年来诈骗现象频发、诈骗手段多样化,社区老年群体更是诈骗群体的"重点关注对象",防诈骗意识薄弱的社区老年人深受其害。保障居民的人身财产安全是社区居委会的重要工作职责之一。因而外来组织或个人的审核评估工作就落在了社区居委会身上。老年人在社会层面上的弱势地位要求社区居委会确保外来组织审核的严谨性。即使是手握购买协议的社会工作机构,也并不能在最初就取得社区居委会的完全信任。社区居委会将随时关注社会工作机构或其他服务组织与社区老人的互动表现与服务成效。一经投诉便立即介入其中甚至勒令终止,以最大限度维护居民利益、保障居民安全。

(二)融于群众日常的服务与生活意识

相较于接受过专业教育的社会工作者的科班背景,在社区居委会的人员架构中,更体现为群体来源的广泛性、工作经历的丰富性与人生阅历的积淀性。多数社区工作人员年龄较大,且在参与社区居委事务前往往拥有不同的工作经历,人生阅历也相对丰富,这将有助于社区居委会工作人员理解居民群体的复杂性、居民特征的多样性以及居民需求的差异性。与社会工作者从书本与课堂上认识服务对象的类型、界定服务对象的形象与预设服务对象的需求不同，社区居委会与服务对象之间的关系更为直接、真实。面对不同类型的居民群体，社区居委会所认知的服务对象是丰富的、立体的。甚至在特定意义上，社区居委会并不以"服务对象"这一单一角色类型界定居民群体，因而也带来了社区居委会对于居民问题与需求理解的层次化。社区居委会并不预设服务对象，而是在实际的接触中加强自身对于居民群体的认识，由个别居民服务需求延展至特定类型服务群体的集体性认知，从而对社区发展议题有整体性认识。在与社区居民沟通互动的过程中，也更能基于自身人生阅历灵活应对社区居民的多样化诉求。社区居家养老服务场域不仅是一个工作场域，更是一个生活场域。社区居委会工作人员背景的丰富性更有助于快速适应、有效融入社区居民的日常生活，理解居民的服务需求。有学者将社区居委会的工作内容分为三大类，即党务、政务和局务，[1] 而局务是指处理居民诉求、解决社区居民身边日常发生的急事、琐事、小事，是社区居委会在社区的工作也是收获社区民心的重点内容。从本质上说，服务是政府获得自身合法性的基础。[2]

因此，社区居委会与社区居民的长久互动培养了社区居委会工作过程中的生活意识，这种生活意识提示在社区工作推进、社区纠纷调解以及社区居民服务过程中要采取柔性化策略。社区居委会工作人员需要在必要时刻褪去工作外衣，涉足社区居民的私人生活领域，设身处地地站在居民视角、全心全意为人民服务。这种生活意识体现

---

[1] 杨爱平、余雁鸿：《选择性应付：社区居委会行动逻辑的组织分析——以 G 市 L 社区为例》，《社会学研究》2012 年第 4 期，第 105~126 页。

[2] 孙璐：《一个居委会主任的权力运作基础——基于扬州市荷花池社区的实地研究》，《城市问题》2011 年第 11 期，第 57~63 页。

在社区居委会工作人员的工作思路、言语姿态、处事策略等方方面面，并提醒我们在服务开展过程中尤其需要注重社区居民问题背后的真实诉求甄别以及与居民沟通过程中的态度与语气。对于老年居民而言，社区居委会"娘家人靠山"的这一角色依然具有重要分量。面对社区老年居民的日常诉求，更需要积极关注、语气温和、耐心十足、及时跟进。社区居家养老服务并不单单指涉具体养老问题的解决、需求的满足，其背后往往有更深层次的内涵，体现为社区老年人关注感的缺失、家庭情感的失落、社会支持网络的中断，因而只有从"事上解决""心上关怀""情上回应"才能全然理解老年服务对象，为选择居家养老的社区老人提供在地的情感支撑与便捷的生活服务，切实减轻社区老年居民及其家庭的养老负担。因此，当被问及社区居家养老服务的工作经验时，社区居委会工作人员往往以"自家老人"视角换位思考，社区老年居民于社区居委会工作人员而言，已非纯粹意义上的工作对象或服务对象，而是"自家老人"，要通过紧密联系自身家庭生活体验，以对待"自家老人"的方式对待社区老年居民。社区独居或空巢老人更是社区居委会的重点关注对象，电话慰问、上门探望、节日问候、生日祝福等服务形式已逐渐褪去了工作痕迹。"离得比孩子近""跑得比孩子快"也是很多社区老年居民描述的社区日常照顾与服务时的情形。社区居委会在社区老年居民心中的信任感与正面形象不断被强化与深化。

二　社区居委会的实践行为特点

行动者往往依据自身惯习，制定出与情境相适应的行动路线。在社区居家养老服务实践场域中，社区居委会往往依据街道各项工作要求，结合社区居民特点与自身经历，制定出与情境相适应的行动路线，并依据情境的变化，及时地调整自身行事风格。其具体实践可归纳为以下几个特点。

（一）处事谨慎，维稳第一

处事谨慎主要体现在对于社区整体发展稳定的重视。社区稳定的发展需求建立在居委会被赋予了社区管理主体这一身份与角色上，居委会能够感受到来自街道及其他上级领导部门对基层稳定的重视与要求，因此在日常工作中直觉敏锐、处事谨慎。在社区居家养老服务实践场域中，直接体现在居委会在日常工作中对风险评估的重视以及对凡事力求"不出事"的严格把关。因此，居委会在工作中，对社区内部可能产生的问题时刻保持敏感性、提前做好防御工作至关重要。多年的居委会工作经验让每位社区工作者都明白，突发情况下第一时间赶到现场、掌握实情、及时处理的重要性，他们也深知处于被动地位的严峻性。

> 有的时候居民不了解情况，有的居民也比较难对付，一通电话反映到街道了，或者直接写封信到校领导那里，反过来我们就被动了。自己工作的确不到位，但社区那么多户居民，我哪能看得过来？（Y 社区新居委会主任 1，40 岁，基层工作经验 6 年）

在社区内部一般事务处理上，居委会倾听各方意见，重视公平原则，保持不偏不倚，兼顾多方利益；洞悉居民脾气性情，懂得避其锋芒、循循善诱，做好沟通工作。并非所有问题都能够迎刃而解，为了维持社区发展稳定，救火式、基于政绩压力①的社会管理惯习理念，依然深植社区工作者心中，在不得已的情况下也会采取"把问题压在台面下"的行动策略，最终可能导致问题解决得不彻底，问题与问

---

① 王思斌：《社会工作在创新社会治理体系中的地位和作用——一种基础-服务型社会治理》，《社会工作》2014 年第 1 期，第 3~10 页。

题、事件与事件之间相互孤立，难以形成以点带面的问题解决效应。

> 有的时候上级领导来检查，要叫几个居民代表出席，我们肯定找的是那种平时和居委会关系还不错的，不会乱说话的。有些问题解决起来太复杂了，但是居民他不理解。居民面临的有些问题的确也不是一时半会儿能解决的或者不是我们能解决的，多少年了都解决不了，只能这样放着。（Y 社区新居委会主任1，40岁，基层工作经验6年）

居委会工作的严谨性在对希望与社区建立合作关系的外来单位的评估、审核、监督中更是体现得淋漓尽致。由于街道内核心居住群体为老年人，且上当受骗的社区往往是那些住着退休教授的老社区，高知老人是诈骗的重要目标。随着诈骗技术越来越高超，居委会对所有外来单位的态度也一致变成了"不得不防"。任何推销、广告、带老人外出游玩的外来单位在尚未进入老人家门之前，就已经在社区居委会的反复"拷问"中被挡在了社区门外。即使是与街道建立了服务契约，在居委会知晓的前提下来社区开展为老服务的社工机构，也依然摆脱不了居委会对其服务工作的时常监督与审核。在与外来单位打交道的过程中，居委会所体现出来的是对本社区居民强烈的保护意识。这种保护的背后原因，既有降低老人财产损失的风险、减少可能对社区居民造成的伤害等，还有为避免在居委会审核无碍无妨无风险的情况下，却遭到居民投诉、指责与抗议其"审核不严""没有履行好职责"，从而造成后续工作开展中居民不信任、工作不配合、工作难推进的局面。

（二）被居民练出来的灵活

与刚毕业踏入社会的大学生不同，即使是最年轻的居委会工作人员，也是由其他行业转入社区工作的具有一定工作经历的年轻人。

以 C 社区 2019 年新考入的社工 j 为例，"95 后"，大专毕业，却已有 2 年在不同行业的工作经历，相对丰富的工作经历为 j 面对不同的社区居民奠定了一定的基础，也造就了 j 虽然年纪尚小却在开展工作中相当灵活的特点。充溢着人生百态的社区居家养老服务场域需要社区居委会的工作人员具备高度的灵活性来应对突发事件与多样化的居民。工作思维与方法单一、呆板不仅不利于社区问题的解决，还会带来与居民关系的紧张。相较于直接解决居民问题与诉求，社区居委会工作人员更懂得安抚居民情绪的重要性。"急事缓办"的工作要领在社区居委会的实践策略中体现得淋漓尽致。

以 2008 年来到社区，2019 年在社区工作到年满 61 岁退休的老主任 z 为例，在谈到社区工作多年的工作经验和最大收获时，他表示："在社区工作，脸皮就是越磨越厚，啥都不在乎，这不是不好听的话，关键是啥样的居民都有，有时候看着挺好的居民吧，翻脸就不认人；有时候前两天刚来居委会给你闹事，过两天见了又嘻嘻哈哈，跟啥都没发生一样。就不跟他们一般见识，咱遇到事了就事论事，平时见面该打招呼还打招呼。有的时候居民围堵着居委会的门骂，他骂他也累啊，你就笑呵呵地听他发泄呗。你左耳朵进右耳朵出就行。"（C 社区老居委会主任 z，2019 年退休，基层工作经验 10 年）

有时候居民意见大或者发脾气，他不见得是对你有意见，一是问题的确是没解决，二是他平时没机会说出来，就跟我们上次开居民大会，有的老师就开始提意见了，我就说，您说，说完我再说……还有一次，居民说垃圾箱为什么不处理，在楼道里跟我嚷嚷，我说，您要是觉得可以咱进屋去说，这事不大，外边温度也低，别把您整感冒了，咱犯不着。慢慢地他火气就降下来了。（Y 社区新居委会主任 l，40 岁，基层工作经验 6 年）

　　社区居委会深谙群众工作的要领，利用好社区领袖，让群众做群众的工作。社区内部实现信息流通的方式包括大会说明、电话通知、张贴公示、散发单页等，但最为深入也最为有效的方式还是邻里相传。社区工作时间越久，社区居委会工作人员就越能领悟"社区全靠一张嘴"的根本现实。将难以开展的工作顺利开展下去、快速收集居民意见、发动居民群众广泛参与，仅仅依靠社区居委会的力量是不够的。社区精英在社区公共事务处理中承担的不仅仅是志愿协助的工作，更是社区居委会与社区民众间沟通交流的桥梁。相较于社区居委会工作人员的更新迭代、新老交替，社区居民尤其是老旧社区居民之间的关系是长久的、熟悉的、深入的与持续的，紧密的社区邻里关系是经由朝夕岁月、常来常往所形塑的，居民内部的相互了解要远甚于社区居委会对社区居民的了解。因而，借助社区领袖的力量，发挥好社区领袖在社区居民内部的影响力与号召力，在培养良好党群关系的同时也将顺利推进社区各项事务的有序开展。

　　利用好社区小领袖。我们社区当时换届选举的时候，不是让居民投票吗？居民哪能对我们都百分百了解和信任呢？有的社区居民出来都很少出来，那他咋投票？我们当时就请社区里咱们的老志愿者，他们和居民之间比我们和居民要熟悉多了，居民可能不了解我们，但居民信任他们啊。要是我们在那张罗着选，总是有给自己拉票的嫌疑，居民不喜欢这个，咱得理解和尊重居民的心理。所以，我们选举这事就全权交给社区志愿者了，在哪排队，在哪填写，在哪投票，都是志愿者组织的，组织的也是井然有序的，我们也不操心。（校内社区居委会主任 m，2019 年换届后的唯一一个在任老主任，基层工作经验 9 年）

（三）急事当先的"艺术"

急事当先的"艺术"，解决的是老百姓最紧迫的问题，赢得的是在老百姓中的口碑。社区居家养老服务实践场域中社区居委会的角色决定了社区居委会需要具备凡事冲在第一线的责任意识与行动准则。从家庭内部矛盾到邻里纠纷，从楼道环境卫生到社区消防安全，社区居委会都需要放下手边工作，赶到事发现场。比如遇老人跌倒、突发疾病或其他紧急情况，即使下班到家，接到求救电话的社区居委会工作人员也必须到场查看、实施援助。对于社区独居或空巢老人而言，在子女离家不便的情况下，社区居委会不仅可以日常咨询，必要时刻更可以紧急求救。社区居委会的及时出现与有效协助不仅可以解除危机，更可以为社区老人带来极大的心理抚慰与情感支撑。也正是一次又一次的紧急出现，累积了社区居委会在社区居家养老服务实践领域的口碑与声望，巩固了社区居委会的地位，加固了社区居委会与社区居民之间的情感纽带与信任根基。

> 你说我在他这么需要人的时候，不管上班不上班，都赶过来帮助他，他能不记到心里吗？他以后会不支持居委会工作吗？还有，我们有社区居民 80 多岁了，自己一个人大晚上在家突然发病了，电话拨到我这来了，我赶紧从我们家赶到他家，其实我啥也不会弄也不敢随便乱动，叫完救护车我陪他等着，给他倒杯热水，他心里也是暖和的啊。救护车来了人家不帮抬啊，我叫上保安一起把老人抬到楼下。你帮居民解决了一件他特别关心、着急的事，他能记你一辈子。你平时帮助居民解决一个他遇到的大难题，你不用自己去宣传，他自己就开始去说了。你不要自己说自己好，社区全靠居民一张嘴，宣传得比你快多了。（Y 社区新居委会主任 1，40 岁，基层工作经验 6 年）

（四）办好小事，注重细节

社区居委会深谙与居民相处过程中办好小事的重要性。社区居委会的日常工作就是围绕着社区居民的身边小事而展开的。即使是社区活动的举办、社区社会组织的发展，也是依据社区居民的日常需求而设计的，社区的日常行政性工作更是在与居民的一次次沟通互动中完成的。办好小事并非只因为事件小、难度低，更因为小事存在更多需要注意的细节要素，如办事过程中的态度、处理事情的方式、解决问题的时机等，这些都将影响小事处理的结果与成效。

> 一件看起来不大，和别人也没太大关系的小事，可能就是一家人头疼的大事。居民经常在社区里居住，他的眼睛有的时候比你厉害多了，哪个垃圾桶盖子没了，哪个楼门的锁坏了，哪里的镜子坏了，他向你反映的时候你就得想，自己的工作没做到位，没及时发现问题，你打电话的时候还得感谢老师们及时发现问题及时反馈，然后你就得及时处理，你不及时处理，居民都看着呢，一会儿就又给你反映过来了。其实你需要帮他解决的就是这点事，你不能一直放着不做，居民眼睛都盯着呢。（Y 社区新居委会主任 1，40 岁，基层工作经验 6 年）

"责任无限大，权力无限小"精准概括了社区居委会在社区居家养老服务实践场域的角色与功能，也在某种程度上决定了社区居委会的工作，必须也只能落脚于和居民息息相关的小事上。无论是社区道路维修、社区公共设施配备，还是社区建筑改建等公共事务的决策与实施，都超出了社区居委会的决策权限，即使面对居民投诉与强烈意见，也只能层层汇报、等待审批。面对大事无权的局面，社区居委会只能在处理小事的过程中获取居民认可、赢得居民信任，同时协助居民理解社区居委会的职能定位与职责范围。

　　社区居委会有着社区管理主体的身份与角色，讲究"实事求是""公平公正""公开透明"的处事原则，突发情况下要第一时间赶到现场，把救急救难放在第一位，在对外接触中替居民把关。在社区居民的潜在认知和求助惯习中，社区居委会既是"社区代言人"，又是"娘家人"，自然成为社区居民的求助对象。中国传统文化将人看作"处于一定关系中的人"①，而与之关系相近的自然会成为求助的首选对象。而这对于子女远在国外、不在身边的老年群体来说，在多年社区生活中与社区居委会长期交往，直接决定了社区居委会在社区老年居民心中的位置、其对社区居委会的信任值，以及日常生活中社区居委会的功能和角色。中国社会家庭外的支持必须以责任意识和信任感为基础，②居委会在社区的角色与功能、在居民日常生活中所发挥的作用，使得社区居民在无须担心欠下"人情债"的前提下，毫无负担地首选社区居委会作为日常求助对象。社区老年居民在社区的诉求机制，对社区居委会，从生活依赖到心理认同，再到情感依赖，这种求助惯习强化了二者之间的关系，成为社区居家养老服务实践场域中最为直接的关系绑定。

第三节　入场的社会工作机构

一　机构社工的惯习解析及其形成轨迹

　　身处社会工作机构的社会工作者多为毕业年限尚短的年轻社工

---

① 陈莹：《从个人与社会的关系看社会工作价值观及其冲突》，《社会》2004年第12期，第27~31页。

② 王思斌：《中国社会的求—助关系——制度与文化的视角》，《社会学研究》2001年第4期，第1~10页。

专业毕业生。在人员流失率较高的社会工作行业中，年轻社工处于一种对行业发展持观望态度、对个人人生规划不确定却又持续探索的状态。进入社区实践场域，年轻社工所直接体验到的实践内容是丰富的，不仅能够获悉本土情境下专业社会工作的发展现状与未来可能的发展方向，也能够通过观察他人生活对自身生活与职业生涯进行反思，这一过程包含通过对本土社会工作的真实体验，在与他人的互动与思想碰撞中对自身专业实践的反思、对个人职业生涯的思索以及对过往人生经历的回顾和对未来个人成长的期冀等，是一个融合了回顾、反思、发现、成长的复杂过程。何雪松和杨超认为，社会工作者的惯习可以界定为社会工作者进入社会工作场域所获得的生成性方案系统。[①] 当然，在实际的社区社会工作实践中，仍存在一部分机构的社会工作者并不具备专业的教育背景与工作经历，尚未取得社会工作者职业资格证书，在专业教育与专业资质缺乏保证的情况下开展社会工作实践，这也是高丽和徐永祥所提到的将社会工作作为"备胎工作"[②]，不可否认，此种情况下的实践专业性必然不足，并极有可能受到来自外界的质疑。

在社区居家养老服务场域中，提供社会工作服务的社工项目团队往往是以"项目主管+社工+实习生"的形式存在，同时在有条件的情况下由相应的机构督导和外部志愿者共同组成。以参与到 Y 街道社区为老服务的来自 2 家社工机构的 2 支项目团队为例，"家庭助理"服务项目的社工团队包括 1 名项目主管、2 名社工（社工 s 和社工 x 均为"95 后"，s 非社工专业且尚未完成学业，在学习任务并不紧迫的情况下在社工机构工作；x 为社工专业毕业生，为街道购买的

---

① 何雪松、杨超：《社会工作者的专业惯习建构》，《长白学刊》2016 年第 4 期，第 111~118 页。

② 高丽、徐永祥：《民办社会工作机构发展的多重特征及其生成机制分析——以社会治理创新为视角》，《社会工作》2016 年第 1 期，第 66~72 页。

岗位社工，长期驻扎街道）及 3 名实习社工组成（实习生均为社工专业的学生，其中硕士研究生较多），并同时配备 1 名机构督导。在实际的项目实施中，由于 s 非社工专业以及 x 驻扎街道造成的沟通不便，较多的服务策划与实践是由实习社工来完成的。相比较而言，"以小助老"志愿团队项目仅由 1 名项目社工负责，身兼数职，且经历了从负责人 h（社会工作本科毕业）到负责人 w（社会工作硕士研究生在读）的变更，项目负责人 w 负责策划整体项目以及实施项目，在人手不够的情况下需要机构负责其他项目的社工协助开展活动。

由此可见，在参与社区实践的机构社工中，更多的仍然是刚毕业的社工学生或在读的社会工作硕士研究生，及部分非专业背景的年轻社工，且在人员数量和专业实践经历上都呈现明显的不充分、不成熟的特点。暂且搁置缺乏社工专业教育背景和专业证书获取的机构社会工作者不论，以多数社会工作专业的年轻社工为例，在基层实践中，仍可发现他们身上具备一定的专业实践惯习，从而影响着年轻社工的实践行为。

（一）专业认知：潜隐的假设认知

我国社会工作教育，自 20 世纪 80 年代末社会工作恢复重建开始，就是以西方社会工作的价值理念、理论依据与实践经验为基础，且以理论和知识的形式影响着社会工作专业的学生，社会工作的本土实践教育在社会工作本土教育过程中存在严重的缺失。对具有社会工作教育背景的机构社工而言，无论是有着几年实践经验的项目主管与机构内部社工，还是刚踏入实践场域的实习社工，对专业社会工作该如何实践的议题的思考，仍然深受社会工作教育的影响。当然，西方社会工作的实用定义于中国并非完全适用，[①] 身处本土情境

---

① Fulcher, L. C. , "The Working Definition of Social Work Doesn't Work Very Well in China and Malaysia." *Research on Social Work Practice*, Vol. 13, 2003, pp. 276-387.

的社会工作专业的学生也并不会绝对地将中国本土的社会工作情境与西方社会工作的实践情境画等号，但这种先入为主的专业意识在年轻社会工作者的实践中发挥了重要的支配性作用，从实践场域中对服务对象的理解、对问题的假设与认知，到尝试解决问题的操作理念以及过程中的方法与路径，都可见到专业教育所产生的影响。这些专业教育力量主导下的实践意识与专业认知，可看作年轻社工在理解本土情境差异性的基础上，仍然存在的一种"潜隐"的"假设认知"。具体体现为以下五个方面。

第一，服务对象。社会工作是在关系中界定服务对象。尽管社会工作的服务对象已扩大至全体社会成员，但依然围绕着也优先考虑到相对弱势的社会成员。社会工作者与服务对象所建立起来的关系是将服务对象看作遭遇生活困难和面临需要的相对弱势人群，社会工作者以专家的身份出现。这种专业关系有着明显的目的性、非平等性和受制约性的特点，社会工作者必须遵循基本的专业伦理价值观，保障服务对象的利益，因此"以服务对象为中心"的理念始终根植在社会工作者的心中。此外，作为一个帮助人的专业和职业，对服务对象秉持尊重、接纳、非评判的态度，相信服务对象能够做出改变等信念都是社会工作者在实践过程中应遵循的，对服务对象产生积极的、好的信念是社会工作者开展工作的重要起点。

社会工作者对服务对象的理解，除个体已积累的生活经验外，更多的则来源于专业所学中对儿童、青少年、老年、妇女、残疾人等的普遍性知识的概括。以老年人为例，社会工作者从专业上可获悉的关于老年人的认知主要包括老年人身体机能的退化、智力功能与记忆力的减退、社会角色和社会关系的丧失所产生的内心失落或交往退化等，因而相应的健康照顾、认知与情绪问题处理、社会支持网络建构、精神慰藉等成为老年社会工作的重点内容。该内容对于年轻社会工作者认识和了解老年人的群体特征、问题和需求、实践入手点具有重要的积极作用。然而，在实践过程中，社会工作者所面对的服务对象是活生生的人，老人虽老却并不一定"弱"，每个人都是有着独特的性格特质、生命经历、文化背景、家庭背景、工作经历以及社会历史烙印的真实个体。普遍性知识有助于社会工作者了解服务对象的基础特征，但尚不足以充分了解服务对象的独特性、复杂性甚至是矛盾性。

第二，与服务对象的关系。社会工作作为一门有着独特的助人价值理念，以科学的知识为基础、依靠科学的助人方法的专业，在具体的服务过程中，社会工作者与遭遇生活困难，面临物质、精神或心理方面需求的服务对象之间的关系是专业的助人关系。社会工作者是以专业人员的身份深入服务对象的生活系统，与服务对象建立起相互信任的关系，这是一个与服务对象共同面对问题、分析问题与解决问题的双向互动过程。社会工作者与服务对象，在变动的社会情境中，通过持续的互动去解决问题的过程，实际上就是社会建构的过程。[①] 社会工作者是以专家和协助者的身份出现，共同解决问题的基础是双方之间的信任。在上述对社会工作者与服务对象关系的界定中，"专业关系""信任"成为社会工作者在与服务对象互动前期乃至全过程中关注的重点，同时也渗透进每一位学习社会工作专业的年轻社会工作者心中。社会工作者与服务对象之间的关系如何？以何种姿态展开互动？这两个问题的答案在实践中也会自然地出现在每一位社会工作者的脑海中，即基于信任的专业关系。在西方，这种社会工作者与服务对象之间的关系，其具体实践形态是一种"外显的求助关系"[②]。

---

① 王思斌主编《社会工作导论》，高等教育出版社，2004，第6页。
② 王思斌：《中国社会的求—助关系——制度与文化的视角》，《社会学研究》2001年第4期，第1~10页。

　　尽管社区居家养老服务实践场域的年轻社工生活在本土，且对本土实践情境存在些许认知，其在知晓本土实践情境下社会工作者可能需要"寻找"服务对象，甚至需要服务对象的"配合"来完成工作时，依然对应该建立"基于信任的专业关系"持有一种积极且强烈的理想化追求。然而在实践情境中，这种信任既需要花费时间培养，又漂浮无根、极不稳定，只能在过程中达成，又不能成为服务的"执念"。正如在访谈过程中，访谈者应该扮演好"伙伴"的角色，应该做好"引导"（guiding）工作而不是"指导"（leading）工作，[①]社会工作者具有相似的使命也应当给出相似的支持。要知道，社会工作专业主体性的建构，不仅涉及社会工作的专业基础，还涉及社会大众与这门专业的关系。[②]然而在具体的社区实践中，无论遭遇服务对象以及社区对社会工作服务的误解，还是与服务对象之间建立起亲密的私人情感信任时，都需要将社会工作者与服务对象之间的关系放置在更大的社会背景中去理解。

　　第三，服务对象的问题与需求。如上所述，在本土实践中，更多的服务关系的建立所依赖的是社会工作者挖掘服务对象并努力与服务对象维持持续的服务关系，因此，一个显著的问题是：社会工作者所认为的服务对象的问题是否为服务对象的真实问题和需求？

　　　　我觉得不能先入为主地认为人家有某一方面的问题和需求，比如我跟一个老年的服务对象在一起，跟人家聊天或者帮助他解决什么问题，不能想当然地就认定他有精神方面的需求。那明

①　〔美〕唐纳德·里奇：《大家来做口述历史实务指南》（第二版），王芝芝、姚力译，当代中国出版社，2006，第74页。
②　Knežević, M., Ovsenik, R., and Jerman, J., "Social Work as a Profession as Perceived by Slovenian and Croatian Social Work Students." *International Social Work*, Vol. 49, 2006, pp. 519-529.

明人家觉得自己活得好好的，啥都不需要，我还非要去给人家提供精神慰藉。（R机构实习社工y，社会工作硕士研究生在读，24岁）

社会工作者的服务对象依据来源不同，可划分为"主动求助""转介""外展"三种，对于主动求助和转介的服务对象来说，其所面临的问题与需求已得到初步的确定，社会工作的介入是希望通过更专业有效的方法协助服务对象解决问题。而在当前我国的实践情境中，服务对象更多是外展而来的，即社会工作者主动接触而产生和发展的服务对象。在此种前提下，如何接触和筛选服务对象、如何与服务对象建立起适合服务对象特点的沟通方式、如何准确判断服务对象的问题和需求，以及如何引导服务对象意识到自身的问题和需求并与社会工作者一起努力，促进自身生活状况的改变是社会工作者面临的严峻考验。它需要社会工作者具备丰富的本土实践经验去结交服务对象、识别问题、判断情境，建立有效的服务方案，而这对年轻的机构社会工作者来说，尤其在缺乏专业督导前提下，无疑是艰巨的任务。

第四，服务方法。社会工作的服务方法涉及社会工作的服务过程，专业的社会工作服务过程是一系列系统化的行动，包括接案、预估、计划、行动、评估、结案。在实际操作中，严格意义上来说，虽未有明显的阶段性界分点，但服务过程的完整性依然依赖不同阶段之间的过渡与推进。这些过程具体为：社会工作者如何将服务对象从潜在状态转为实际的服务对象；社会工作者与服务对象之间建立起信任舒适的工作关系，并对彼此的合作与角色期望达成共识；与服务对象以外的其他关键系统建立起专业关系，并加深对服务对象问题、服务对象可依赖的资源的认识；在服务介入过程中与服务对象一起行动、一起调整，与服务对象相关系统共同见证服务对象及其生活状态的改变；服务结束前的服务效果评估，与服务对象一起回顾改变的历程，检查服务目标是否实现，反思工作过程中服务目标是否恰当、工作方法是否合适、工作任务是否完成，以及服务过程中自身所处的角色类型与角色流动性等，并协助服务对象巩固已有的改变，提升服务对象面对未来生活的勇气；与服务对象澄清与解释服务临近终止，确定是否需要继续跟踪服务，最终解除服务关系。

在小组社会工作方法中，则强调了小组的组成类型，以及在相应小组类型下所开展的小组服务过程，包括小组建立初期（其中突出了成员之间相互熟悉、加深认知以及建立小组契约的重要性）、小组中期转折阶段（突出社会工作者对小组结构的推动与调整，促进小组成员关系紧密化发展）、小组成熟期（突出小组中的中心位置转移，小组成员开始向主导者转化）及小组离别期（小组成员的成长变化与最终收获以及小组成员的离别情绪处理）。尽管专业社会工作包含个案、小组、社区三大专业方法，但由于个案与小组方法的微观性，更易为社会工作专业学生所熟悉和运用，考虑问题层面更为宏观和结构化取向的社区社会工作，则可能模糊性地存在于社会工作专业学生的认知中；而进入社区实践场域，对服务对象问题的解决，实则离不开对社区整体、结构性的考量，这样才能使个案、小组的社会工作方法得以有效展开和运用。这里也凸显了我国职业社工培养过程中价值理念与实务技巧之间的错位，[①] 一方面，实践层面的方法技巧与价值理念之间存在必然的对应关系；另一方面，实践层面的方法技巧之间的混合使用决定了社会工作者既要穿梭于不同的理念原则间，还要深刻领悟不同理念原则在实践情境中的自然和谐性与内在

---

① 文军：《当代中国社会工作发展面临的十大挑战》，《社会科学》2009年第7期，第66~70页。

统一性。专业实践的复杂性、矛盾性与交融性会使社会工作者明白社会工作是一门艺术的真正内涵。

第五，服务情境。"人在情境中"是社会工作专业开展实务操作的一个重要理念。社会工作的合法性不仅仅是政策规定，也基于对服务对象所处社会背景的敏感性。[①] Mary Richmond 在 1917 年出版的《社会诊断》一书中提出"在情境中理解行为"的服务理念，突出服务对象并非孤立的个体，社会工作者应该检视个人与周围环境的互动，来理解和干预个体的行为和互动方式，并运用环境资源来促使服务对象发生转变。汲取和吸收了西方社会工作的价值理念、理论基础和实践经验的本土社会工作教学，向社会工作专业学生所展现出来的是更为微观的"社会工作者-服务对象"的服务情境，在该服务情境下，关注的是社会工作者如何运用专业的方法与服务对象开展互动，帮助服务对象解决问题。而对于服务对象所处的更为宏观的社区情境乃至社会情境，以及社会工作者如何迈入服务情境、在服务情境中如何自处、如何调适角色则缺少应有的强调和关注，而这部分内容，恰恰是社会工作者能够顺利进入服务情境并且推动服务过程顺利进行的关键。

> 我觉得在对社区了解不是特别多的情况下，如果需要去一个独居老人家里开展服务，我肯定首先关注的是老人基本的生活状况和身体状况，看老人需要什么样的帮助，看看服务对象还有没有什么子女或者其他家人等。然后联系到课本上所学的常见的那些方法，如果老人需要某一方面的资源，可能就尝试去帮忙链接看能不能链接到，比如说制作人生回忆录、帮助梳理生命

[①] Moe, A., Tronvoll, I. M., and Gjeitnes, K., "A Reflective Approach in Practice Research." *Nordic Social Work Research*, Vol. 4, 2014, pp. 14-25.

故事啊。很多东西还是停留在知识层面，不知道做的时候怎么样，有没有效。但是具体怎么和服务对象接触、和服务对象建立起关系、和社区他们打交道，了解得还是不多。（R机构实习社工s，社会工作硕士研究生在读，24岁）

对服务情境认知的简单化以及对服务情境整体的认识不足，对"社会工作者-服务对象"之间微观服务情境有更多的知识基础与心理准备，而对服务对象的中观和宏观服务情境，如社区情境和社会情境，则缺少相应的知识和实践经验基础，是机构社工在开展专业服务中常见的现象。这也预示着面对本土真实服务情境时社会工作者将可能遭受来自工作和心理层面的双重挑战。

（二）专业解惑与成长体验的双层需求

进入实践场域，即开始了对本土社会工作实践情境的一种体验与探索。本土社会工作如何开展、专业社会工作的理论与方法如何应用、如何与服务对象展开交流互动、如何促进服务对象改变，这些对于年轻的社会工作者来说是至关重要的问题，都是年轻社工在进入本土实践场域前与服务过程中直接实践、体验与探索的重要内容。可以说，进入实践场域，就是年轻社工在实践中进行专业解惑的开始。

其实以后也不一定做社会工作，或者说很大程度不做社工，但是既然都学了这么多年了，还是希望真正到实践中看看社会工作如何做，也算对得起这个专业、对得起自己了。听很多人抱怨中国的社工不专业，其实也是想去看看书本上所学和真实情况的差异。（R机构实习社工s，社会工作硕士研究生在读，24岁）

咱们更多的是从课本上了解社会工作，了解社会工作如何开展，有哪些理论和方法，包括社会工作的价值理念等，但是实际上，中国的社会工作长啥样，大家都不是很清楚。一旦进入实际的情境，你就会发现跟学得很不一样，服务对象好像也不是真正意义上的服务对象，服务方法也用不上，你也不能真正地说从头跟到尾去陪伴着服务对象，而且服务对象的改变是非常慢的，是一个长期的过程，但时间又有限，其实你对服务对象的了解也是非常有限的，那么很多时候你能起的作用就非常有限。当然也有些问题是咱们真解决不了的，那没办法。其实有一些事情社工是能做的，但时间、精力、人力、物力，包括项目很多东西都牵制着你。话又说回来，咱们所学的包括社会工作的理念、理论、方法啊还是非常有用的，有时候你做着做着不知道该怎么做了，翻翻书说不定就又有新的想法了。只不过目前来说，咱们的社会工作的专业性很有限。也有想做的事，但是总有东西拉着你实现不了。（R 机构社工 k，社会工作硕士研究生在读，实践经验 7 年）

社会工作的基层实践是社会工作专业学生自我解惑与自我探索的过程，探索专业如何落地、专业的可能性空间到底有多大。而除此之外，在社区实践场域中，参与多方协调，为社区老人提供为老服务，更是年轻社工的生活体验与成长经历的重要组成部分。来自两家社会工作机构、前后参与到 Y 街道为老服务提供的机构社工包括具有一定基层实践经验的项目主管、机构社工、实习社工与高校志愿者。其中年龄较大，经历相对丰富的要数项目主管，在"家庭助理"服务项目团队中，前项目主管 g，31 岁，已婚；机构社工均为"95后"，实习社工多为在读社工专业学生，年龄介于 22~25 岁。相对于拥有一定工作年限的社区工作者来说，"社会经验缺乏""不成熟不稳定""眼高手低、不切实际"的标签也影响着年轻的社会工作者，尤其是刚离开校门与依然在读的社会工作专业学生。因此，多接触社会、多了解生活也是年轻社工开展社区实践的诉求和动力。

> 我觉得去社区多跑跑也挺好的，和老年人打交道也能有不一样的体会，多见见人，学会跟人接触、待人接物，这些东西都比一直待在学校里强。社会工作本身就是跟人打交道的，多学学、多见识见识，对生活、对工作都挺有帮助的。（R机构实习社工n，社会工作硕士研究生在读，23岁）

解答专业疑惑与获取个人成长体验，共同构成了年轻社工在社区实践的真实心理和内在诉求，影响着年轻社工在社区的实践行为；而年轻社工也在实践中不断形塑着关于专业与生活的价值判断、方法调适以及未来的择业方向。这也表明，年轻社工在基层社区的服务实践既是专业实践与专业探索的过程，也是探索自我、扩大认知、向外学习、向内省思的过程，而这一点，与年轻社工所处的人生阶段密不可分。

二　机构社工的实践行为特点

年轻社会工作者身上所具有的惯习，作为一套由个人成长与社会实践经历所习得的性情倾向系统，是其对社区实践场域中的一切形成自我感知并且做出判断的重要基础与指引。多年的社会工作专业教育在年轻社工身上所留下的关于专业认知的烙印，个人所处的人生阶段以及在过往人生经历中所形塑的性格特征、价值判断、心理特征等都影响着社会工作者的行为实践。具体来说，年轻社会工作者的行为实践呈现以下特征。

（一）专业不落地

在社区场域中，最常听到的来自社区居委会对社会工作机构项目的评价即为"不落地"，这种"不落地"不仅体现为整体项目设计与社区实际情况不相符，具体为在社区实际需求、应对此种需求的解决问题的路径、实践操作的方式方法、可依赖和挖掘的资源等方面，社区居委会与社会工作机构之间都存在不同的认知与规划，也体现为项目在具体实施过程中难以落地，项目蓝图难以"变现"，项目设计与实际执行存在较大差距，最终所带来的是专业形象的"滑落"以及他人对专业效能的质疑。

> 你们开展工作的风格跟我们不一样，我们是长期驻扎在社区，你们是有事了来，没事了就不见影儿了。其实你们也的确是想为老人服务，都是年轻人也都不容易，冬天也是天寒地冻地赶过来开活动。我们也知道你们不容易，但是你们做的事情给人的感觉就像在完成任务似的。你不了解我们老人的真实需求。不是说你来了陪她聊聊天说说话就能真正解决问题了，她真有急事的时候你不在，不能跑到她跟前。你们就是有啥活动需要搞了，来一趟社区搞搞活动就走了。但是老人不是，老人他一直生活在社区，平时有很多事都需要找人帮忙，所以说你们的服务不落地就是不落地在这。你们不了解老人的真实需要，你们想做的不是老人最需要的，老人最需要的你们又做不了。（Y社区新居委会主任1，40岁，基层工作经验6年）

> 他们一开始都是谈得比较好，就拿C机构说吧，他们负责人拿着项目书来说项目的时候，说得非常好，说要打造的是街道

的"立体化"养老，从街道到社区再到老年志愿者，都动员起来，我们当时也是觉得她的这个想法不错，就想着实施看，但是最后也没真正有什么成效，应该就 W 社区和 Z 社区组了两支志愿服务队吧。他们来干活的都是年轻人，所长是不参与进来的，所以他们这个想法也实现不了，任务完不成。（街道民政科副科长 k）

项目实施的"不落地"是多方面的因素共同导致的。从宏观层面来看，尽管对于以实践取向的学科来说，教育与实践之间的鸿沟是一个普遍的问题，但本土社会工作教育与实践之间鸿沟深刻影响了社会工作专业学生的专业认知与实践思维。在本土社会工作发展初期，在专业教育中全面吸纳了西方社会的哲学基础与价值体系、理论基础与知识体系、专业实践与经验总结，有助于社会工作专业学生了解专业社会工作的发展脉络与内容。但在社会工作的发展过程中，社会工作本土理论与实践教育的缺位所带来的弊端也越来越突出。社会工作实践虽以社会工作项目的形式在本土落地，但缺乏专业、有效的指导又导致社会工作专业无法在本土实践场域真正落地。从项目设计的服务理念到服务实践的具体操作方法等，都难以保证有效性与专业性。从微观层面来看，项目实施依赖社会工作者的具体执行，然而社会工作者的真实处境是学习成长环境侧重于西方社会工作专业教育，对本土社会工作实践尚缺乏完备的了解，而自身人生阶段又处于学习、探索、吸纳、成长的重要时期，人生阅历、社会实践、生活经验的缺乏都将对本土专业化实践产生一定的阻碍。王思斌指出，社会工作服务过程中互动程序的安排、互动中语言的使用、运动符号的运用都会对服务对象产生影响，[①] 因而，在具体的本土化过程中，

---

① 王思斌：《试论我国社会工作的本土化》，《浙江学刊》2001 年第 2 期，第 56~61 页。

技巧是社会工作者必须不断加以认识与反复训练的重要内容。本土社会工作专业实践落地困难的原因的复杂性，也预示着本土化问题解决现实难度较大。

（二）探索式前进

缺乏专业有效的实践指导，本土社会工作者只能采取"摸着石头过河"的策略对如何实现项目目标进行探索。这种探索式前进必将耗费一定的时间成本，且极有可能受到来自街道和社区对社会工作专业性的质疑，但这也实属为当前社会工作本土发展境遇下的无奈选择。

以 R 社会工作机构所承担的街道内部独居、空巢老人"家庭助理"服务项目为例，该项目始于 2017 年，首先在街道内邻近的 3 个社区试实施，后续扩展至街道 7 个社区。项目原计划为长期居住在该社区的 70 岁以上独居、空巢老人（预计服务 100 人次）提供以精神照料、人文关怀为核心的服务，希望为老人提供"一对一"的家庭助理式服务。由于街道辖区内居住老人多为所属大学退休教职工，子女在国外工作和生活的情况较为普遍，因此，该类老年群体正是"家庭助理"服务项目的核心服务群体。主要项目服务提供者为"项目社工+志愿者"，主要链接 B 市部分高校的志愿者团体参与服务提供，即依赖外部力量为社区老人提供服务。服务包括上门服务、协助外出、代买代办、小组活动等形式，期待建立以"社区+社工+社会组织""三社联动"的协同服务体系，建立彼此相互学习、共同发展的为老服务提供模式。

但在项目实际实施过程中，始终面临着"服务覆盖面小""服务难以深入""项目知晓率低""服务策略无计可施""社区不配合"等多重困境。结合对该项目 2018 年结项报告的解读以及对项目前期负责人 g 的访谈，笔者了解到截至 2019 年初项目的实际进展情况。2018 年，在将近一年的项目实施过程中，共计开展小组服务超过 20 次，其中包括街道大型重阳主题活动一场，空巢老人上门协助服务共计 447 人次，协助服务内容主要涵盖：情感陪伴、电话问候、手机电脑教学、协助外出、代买药物、陪同就医、理发服务等生活支持和精神关爱类服务。我们从结项报告中可以了解到，小组活动开展次数、"1 对 1"服务老人数量达到项目书要求，甚至从数量上超过项目初期规划，超额完成服务。从表面上看，这是一份足以通过"终期评估"的结项材料。从项目设置、人员安排、项目实施步骤、服务人数、服务效果上看都接近项目初期设置的目标。但就项目开展实情，从对前项目负责人 g 的访谈中，我们可以了解到"家庭助理"服务项目的服务难题与实际服务成效。

　　（关于团队管理）目前这个团队呢，除了我，x 作为街道社工，s 是刚入职的一个小孩，不是咱们这个专业的，还有机构的督导 f，都算是我们的正式员工。除此之外还有两个实习生，所以这个团队听上去人挺多的，但每个人都有自己的具体情况。新来的社工 s 年龄小，办事能力、沟通能力、工作能力都有待提高。一直在街道驻扎的 x，我顾不过来的时候 x 就帮我多分担一些，但是毕竟年龄小，经历少，很多东西他想不到，而且对方要是不想做，我也没办法，有些工作我推一把他才开始做，我不推不说。但是因为人事权都在领导那里，我又不发工资，我真的没法管理。实习生们也不是天天都能来，都有自己的安排。我们去年也是错误地判断了志愿者的情况，我当时想的是如果大家想参加，半天、一天都可以。等实际做的时候，就会有来不了的情况，就算有时间也不代表着他能参加。我自己，真的太累、太忙了，最近两个月，所里给安排的工作有 7 项吧，老龄的也做、调查的项目也做，很头疼，婚礼都是在项目中度过的。

（关于项目实施与项目效果）我们一直的整体思路是怕人不够，或者说怕工作量完不成。因为目前来说街道对我们的服务有工作量的要求，我怕这个跟不上。但从真正解决这个问题，整个项目能有效地开展来说，还是要注重质，要有一个筛选的过程，包括志愿者的筛选，我们所面临的也是这个大问题。是人不够吗，不是，是质量的问题，看着人多，但是干事的时候让人叹气。你看着我们写服务记录表，开展小组活动时人也不少吧，干的也是服务的工作，包括链接资源，但是说实话，就是社工的专业性体现在哪里？做的这些陪同就医助行啊，或者去社区开个兴趣小组啊啥的，随便找个志愿者，或者雇个劳力都能干，外面专门做手工类的组织做得比我们专业多了。我能保证量上达到要求，但是怎么去扩大服务覆盖面，怎么把服务深化、专业化，这才是项目面临的大问题。（"家庭助理"前项目负责人 g，31 岁，社工实践经验 7 年）

上述内容看似是项目负责人对项目实施的大吐苦水，但也真实地反映了项目在社区居家养老服务实践场域的真实情况。在与 g 的后期访谈中，为促进服务质量的提升，g 决定从服务的内容、形式，志愿者的招聘、管理和宣传上做出调整，并增加与街道和社区沟通的频率。在志愿者的筛选与管理上，结合实际情况，依次依照时间、意愿、专业性三个指标进行筛选，侧重时间上的吻合与服务意愿的强烈程度。在服务内容上，计划以读书会的形式在志愿者与社区老人之间建立纽带关系，在加大志愿者精力、兴趣、时间投入力度的情况下，同时引导老人建立新的生活方式与社会联结。因此，不断搜寻好的"点子"，激发项目服务提供者与服务受益者的参与热情成为 g 的工作重点。而对于服务的专业化问题，则一直悬而未决，也始终是项目实施的难点，项目一直在探索中前进。

（三）灵活性不足

社会工作项目在基层开展的成效所依赖的是社区居民对服务的认可度与满意度，而在获取居民认可前，让居民了解项目的存在以及项目存在的目的和意义更为重要。"家庭助理"服务项目在街道内开展时间较长，却仍有多数老年居民不知该项目，既不知项目存在也不知社工为何。社会工作服务项目在社区居民中的宣传与推广始终是项目急需解决的首要问题。

> 我觉得宣传这一块我们始终没跟上。这种宣传不仅包括对外的宣传，更重要的是在社区内部宣传我们这个项目，现在很多居民还不知道我们项目的存在，就算有问题也不知道找我们。说实话我们现在覆盖的居民还是太少了，导致我们服务的面一直铺不开，服务的总是那几个人，甚至有的人接受着服务慢慢就不再接触了。这肯定跟我们的项目有关系，比如说我们开展的形式啊等。（"家庭助理"前项目负责人 g，31 岁，社工实践经验 7 年）

很明显，项目负责人已经意识到项目宣传的重要性，然而对于项目宣传可依赖的具体、实际、有效的手段却缺乏深入的了解与探索。在服务后期笔者担任项目负责人时，社区居委会主任与社区居民就"如何有效地扩大社会工作项目在社区的宣传，提升社区居民对于社会工作服务项目与社会工作专业的知晓率"这一问题，给出了更为具体、更为实际的答案。

你们项目现在实际服务的人数也不多吧？一方面跟你们在社区来往的频率、你们的工作方法有关系。另一方面你们要想扩大项目，让居民们知道项目的存在，就得趁着我们开活动的时候也过来啊。我们几乎每周都会有老年居民组织的活动。宣传这东西是慢慢渗透、大家慢慢知道的。我们开活动的时候，你们来个一次两次。下次你还在，居民就特别爱问，你啥都不说，居民就问了："哎，咱居委会来新人了？这个小孩是谁？"来个几回他就跟你熟了。我们做活动的时候你们也穿插进来介绍介绍你们项目，说不定下回居民就能主动给你介绍服务对象了，哪家看情况可能比较需要你们的服务，有啥事就想起你来了。你别有活动了来一次，或者纯粹依赖居委会去给你介绍服务对象，一方面居委会平时的工作也多，不见得每次来我都有时间陪着你们；另一方面居民可比我们了解居民，也更信任居民，他们的宣传力度在社区比我们更大。（Y 社区新居委会主任 l，40 岁，基层工作经验 6 年）

上次社区邻里节你不是也来了吗？那么好的机会，你还是主持，你为什么不宣传，那个时候，当着那么多社区居民的面，你去宣传宣传你们项目该多好，说说你们是为社区老年人服务的，让大家也都知道在咱们社区还有社工，大家一听，不就知道有你们这个事了。（W 社区老年志愿者 z，63 岁，志愿服务经验 8 年）

年轻社工的灵活性不足体现在多方面，不仅包括上述宣传手段的灵活性不足，在专业术语与日常生活用语的转换中，也是生涩的。"你们用的专业术语太多了，居民们听不懂！"是被居委会工作人员反映最多的一项注意事项。然而专业术语与生活语言之间的灵活转换所依赖是多年实践经验的积累、对社会工作专业的深度理解以及与社会现实本身的深度融合，阅历尚浅的年轻社工们，对老年群体、社区生活了解有限，在工作开展的灵活性与服务实践的专业性方面均面临着严峻的挑战。

（四）专业敏感度不强

社会工作者在基层实践场域中要想获得来自购买方和社区的认同，就涉及在实践过程中专业主体性的建构。专业主体性的建构是一个吸纳和产出的过程，吸纳，强调的是专业的实践者（社会工作者）在对本土实践情境深入了解的基础上，进一步自主延伸专业理解的深度；产出，同样建立在对本土实践情境了解的基础上，结合本土实践情境特点、服务对象特征以及独特的问题和需求，在充分考虑社会文化背景的前提下，在运用专业理念、实施专业方法的同时，做出相应的调整以适应本土社会工作的实践情境，在保证服务得到接受的情况下探索专业性的发展方向。

在每一位社会工作者心中，"助人自助""以服务对象为核心"是专业服务开展的前提和服务过程中不能放弃的重要价值信念。而现实往往是，服务过程中"服务对象被弱化""参与权与知情权被剥夺"；项目结束后，服务对象又再次回归无助的境地。以 C 社会工作机构"以小助老"社区老年志愿者能力提升项目为例，项目的实施始终围绕着"如何培育一支有组织的志愿服务团队"展开，服务设计的环节包括成立仪式、外出拓展培训、社区内部小组手工活动等。从项目内容设计上看，若按照此项目方案开展，与真正培育一支有组织的志愿服务团队的核心目标还是存在客观差距的。因为社区老年志愿者队伍是社区老年居民依赖个体志愿热情、发挥晚年余热、自发组织的，志愿能量的发挥依赖于老年居民的自主性，如若脱离了对于老年志愿群体的认识，无法满足社区整体、老年居民、老年志愿群体的实际需求，难免会使项目最终落地困难。笔者在与社区志愿者的深入访谈中了解到，"志愿精神的强化""志愿服务团队的净化""志愿服务团队的服务规划"是志愿者们关心的问题，也是社会工作机构应该重点围绕、重点回应的问题。现实进展则是社工机构缺乏与社区已有老年志愿者核心群体的深度沟通与接触，无法及时、有效捕捉社区的实际志愿服务情形与已有老年志愿服务群体的真实情感反馈，而这些内容对社工机构如何紧扣服务群体、如何进行项目设计、如何合理划定目标、如何保证服务效果都至关重要。只有紧扣服务群体的项目设计才能赢得认可、收获成效，也只有目标合理的项目设计才能清晰具体、有效落地。

"助人自助""以服务对象为核心"的专业理念并非躺在课本中和项目书前页的专业简介，而是应该真正融入项目方案和实施过程中的方法。社会工作者作为项目的设计者与实施者，具备从专业角度进行问题分析和解决问题的优势，但专业方法的运用更应建立在对服务对象了解的基础之上，"不是做社工想做的，而是做服务对象真正需要的"是项目设计伊始以及项目实施过程中不断进行方案动态调整的重要原则。

第三章 互适初期挑战

第一节 谨慎付出与努力行动

在政府购买社会工作服务这一过程中，社区层面（主要指社区居委会与服务对象）在购买的决策权、购买服务的具体内容、重点服务人群、购买方式、购买流程等诸多环节，其知情权与参与权是严重受限的。采购决议更多的是由购买方如街道办事处，结合街道辖区内全体社区的普遍化需求进行内部商讨决定，经过初期的机构筛选与衡量，确定服务提供方，最终签订购买合同。当外来的社会工作机构进入社区开展服务，服务的覆盖面有多大、服务的成效如何是有待时间检验的。因此，社会工作机构进入社区开展服务的初期，在尚未对社会工作机构服务能力有真实认知与评估的情况下，期待社区居委会将社会工作机构毫无保留地推荐给居民，以及大力支持配合社会工作机构工作的开展是存在较大挑战与困难的。经得住考验、值得信赖的社会工作机构，才能够获得来自社区居委会更多的支持性力量与协调性资源。因此，在此阶段社区居委会的态度与策略往往是观望的，而二者的关系状态也反映了场域初期的结构特征以及实践主体之间的力量悬殊，如何增进双方了解、建立信任关系是社会工作机构持续、深入推进服务项目所面临的首要难题。

一 社区居委会的谨慎付出

社区居委会对社会工作机构采取观望态度的原因往往被表述为"对未曾接触过的社工机构不认识与不了解，尚未达到信任的状态，因此有待考察"。而对这种"不认识与不了解"做进一步的原因探究发现，其根源在于居委会的角色定位及其所负有的职责。在基层社区治理的过程中，居委会的日常工作与维护居民的人身财产安全和社区的稳定发展两大核心议题紧密相关，且与居民生活问题的处理交织在一起。

一方面，居委会所承受的压力来自上级指导单位——街道对居委会日常工作的监督，因此，发现问题、解决问题、将问题扼杀在摇篮中，及时有效地预防问题也成为社区居委会的重要工作内容。而在对社会工作机构了解并不多的社区居委会看来，在缺乏对社会工作机构服务理念与服务方法充分认知的情况下，社会工作机构与其他外来社会组织并没有明显的职业差异。因此，即使知晓街道购买既成事实、社会工作机构以提供专业的社会工作服务为目标，如何保障本社区居民利益不受损失、降低外来组织在社区内部开展服务活动的风险依然是社区居委会考虑问题的第一步。

另一方面，社区居委会的压力源于日常工作内容的沉重与烦琐，处理上级指导部门——街道各科室的行政任务已占据了居委会的大部分时间；而初涉社区实践场域的社会工作机构，往往需要居委会推荐合适的服务对象，提供必要的基本资料。在实践过程中，在服务初期往往需要由社区居委会工作人员带领机构社会工作者进入服务对象家庭、与服务对象进行初步解释与沟通，降低服务对象对外来工作人员的不信任，这些配合工作都将占据社区居委会的工作时间与精力。因此，在尚不理解社会工作机构的加入可能为社区居家养老带来的积极影响的前提下，面对可能增加额外工作负担的合作情形，居委会就极有可能出现行动不积极、配合度较低等情形。

二　社会工作机构的积极主动

处于观望状态的居委会，面对社会工作机构的服务计划与具体服务的实施，其初期态度可能是"不积极或者缺乏兴趣的"。但鉴于街道已经购买社会工作服务，承认了社会工作机构在社区开展服务的合理性，社会工作机构服务本社区居民也具有了正当的现实缘由，因此，当社会工作机构提出向社区居委会了解社区基本情况以及社区内存在的潜在的服务对象时，社区居委会往往会表现出基于购买关系的"礼节上的客气"。服务初期社区居委会接待社会工作机构，同时就社区基本情况、社区老人特征、社区所面临的问题、开展服务过程中的注意事项等内容与社会工作机构进行必要的"交代"。这种"交代"更多意义上是对街道工作的配合，"应付"来访的社会工作机构；同时也给出必要的叮嘱，希望社会工作机构以更加契合社区需求与特征的方式开展服务。因而最终呈现一种"谨慎付出"的状态，后期如何合作则完全取决于社会工作服务开展的有效程度。

社工机构刚来的时候我不能啥都讲啊，因为毕竟我对社工机构还不了解，对项目能开展到哪一步、具体怎么开展都不了解，有的项目你做着做着做不下去了，我对老人怎么交代，我们引荐老人都是非常小心的，不可能随随便便把我们的居民交出去。（C社区新居委会主任w，35岁，C社区居民，基层工作经验6年）

从具体分析来讲，不主动的态度并非意味着社区居委会在互动过程中处于被动地位。相反，社区居委会在社区处于优势地位，这主要指社区居委会对社区进行管理和服务的合法性，以及多年社区工作所赋予的社区居委会与社区居民的人情网络资本与信任资本，正是这些资源优势，赋予了社区居委会"观望"的资本，其可以站在整个社区的立场，代表社区居民，审视与评估社会工作机构在社区的表现。相比较而言，在此过程中社会工作机构与社区居民，尤其是与项目所指向的服务对象之间尚处于无交集和陌生的状态，更需要社区居委会作为重要的中介力量与推动力量，做社会工作机构与社区居民（尤其是服务对象）之间的引荐人。而社会工作机构往往也表现出更强的主动性，希望通过积极的行动获取社区居委会对社会工作服务的了解与认同，从而获取更多的支持与帮助。

然而，从场域动态发展与场域意义构建的视角看，占据场域位置优势并不代表社区居委会能够充分发挥发展优势，这主要体现在社区居委会并没有充分认识到社会工作的专业资源优势、人力资本优势、外部资源链接优势，依然采取旧有工作模式处理越来越多的行政事务与越来越复杂的居民生活需求与问题。专业视角的缺乏造就了社区居委会对自身所处的社区缺乏专业的审视，容易将社区问题常规化看待与一般化处理。对社区问题的分析和处理，虽能在一定程度上具备全局意识、从社区的整体层面考虑问题，然而却并非专业的、多维的，较难从社区治理、社区建设与可持续发展的层面考虑社区内部问题的解决与特定群体需求的满足，最终导致的结果往往是问题的搁置与积压，社区问题也在时间的洪流中逐步演化为社区的"历史遗留问题"。以志愿资源丰富的 W 社区为例，在社区层面针对社区内部独居、空巢老人的为老服务方面，具体服务措施有社区居委会逢年过节的常态化慰问，志愿者在日常生活中的"零散性"帮扶，如帮独居、空巢老人提物资、代买肉菜等基本服务。除受到帮扶照顾的独居、空巢老人外，还有部分独居、空巢老人在社区处于无人问津的状态。"日常工作太忙""事情很难办"成为一些社区居委会对社区独居、空巢老人服务工作开展不充分的常见托词。一些社区内部志愿服务团队组织松散、志愿精神不纯粹，年轻志愿者止步不前，志愿资源被浪费、志愿热情被消耗、志愿发展被耽误是社区为老服务不可忽视的现实。社区居委会负责志愿者管理业务的工作者 k 正在为社会工作中级考试做准备，然而证书的考取并不意味着其具备专业的看待问题的视角与解决问题的专业思路与方法，因此，社区多数独居、空巢老人依然处于较少人关注的状态，社区老年志愿服务团队依旧处于组织不完善、发展不充分的状态，且管理呈现松散的趋势，社区居家养老服务场域在不改变旧有服务模式的前提下问题依然固化、力量依然薄弱、资源依然匮乏。

三　积极沟通的效用价值

值得注意的是，社区居委会的"观望"并非仅仅存在于初始阶段，而是贯穿服务全程的。即使是在社会工作机构与社区居委会互动良好的阶段，社会工作机构的服务开展也依然处于社区居委会的考察之中，即社会工作机构服务进程中的任何差池都在社区居委会的视线范围内，一旦造成社区居民投诉，超过了社区居委会的风险承受能力，并有可能影响社区居委会日后工作的顺利开展，或者与社区居委会之间沟通不顺畅，社会工作机构可能面临服务难以推进的风险。

以 2019 年 11~12 月笔者与校内社区居委会的一次"沟通失效"事件为例。2019 年 10 月下旬，社会工作机构在校内社区开展了"重阳敬老爱老"活动，带领社区老人手工制作桂花蜜。适逢重阳佳节，敬老爱老的主题契合社区老人的需求，也契合社区为老工作的需要。

此次活动，一方面，选取桂花与蜂蜜现场手工制作桂花蜜，在桂花香中，带领老人一步一步地制作，老人在制作桂花蜜的过程中互帮互助并相互称赞，在收获手工成品的同时也收获快乐。另一方面，充分利用社区居委会熟悉本社区居民的优势，由社区居委会协助选取 15 名社区老人参加活动，其中还包含 2 名刚刚失去老伴的退休教师，邀请独居和空巢家庭的教师走出家门参与社区活动，与其他社区居民沟通交流、增加对外接触的机会，感受来自社区和社会的关爱，对于老人的精神健康具有积极的影响和作用。

我们这有两位老师刚刚失去老伴，现在家里只剩下一个人，孩子都在国外不在身边，老伴去世后其实对老人的打击和影响是非常大的。现在出来的机会都少了，我们就经常把老人请出来参加参加活动，或者有时候去家里看看，她自己一个人在家里我们也不放心。（校内社区居委会主任 m，2019 年换届后的唯一一个在任老主任，基层工作经验 9 年）

在此次活动中，现场十分热闹，社区老人在小组带领者的指导下分步操作，在自我体验的过程中积极主动协助身边人完成桂花蜜的制作；社工也借此机会，将"家庭助理"服务项目的内容、社工的身份与现场老人做了详细的介绍与解释，老人在此次活动中对社工有了较好的印象，并对社工的时常到来表示欢迎与期盼。现场活动结束后，社工与社区居委会工作人员还一起将制作好的桂花蜜送至不能出门参加社区活动的老人家中，表达对老人的关怀，同时充分利用该活动将社工介绍给社区老人，告知老人有服务需求时，可直接寻求社工的帮助。

社会工作机构与社区居委会之间的良好配合是此次活动顺利开

展的关键因素。也正是在此次服务过程中，社会工作者获取了更多社区老人的生活信息，发现了服务介入的突破口。对于不能出门活动，但日常生活缺乏陪伴而又有充满倾诉欲望的社区老人，社会工作者提出可以人生回忆录为切入点，使社工与老人搭伴结成服务关系，在人生回忆录的制作过程中，给予老人倾诉过往人生的机会与窗口，帮助老人得到一定程度的情绪释放。该提议得到了社区居委会主任的认可与称赞，并表示，可帮助选择三位存在沟通交流的需求，且具有一定表达能力的教师。

11月，社会工作机构承接了街道内的社区专职社工培训工作，相关服务进程暂时受到影响，社区居委会此时也忙于人口抽查的工作，因此，与校内社区人生回忆录制作教师的约见日期一直没有确定。在11月18日与社区居委会主任的微信沟通中，社会工作者在得知已经确定了两位表示希望参与制作人生回忆录的教师时，询问是否可以在11月21日约见老人，和老人做简单的介绍，增进彼此了解。在社工询问后，并未得到关于约见日期的肯定回复，便处于等待回复的状态，认为社区居委会因工作繁忙而耽误了回复事宜。因此，担心贸然出现影响社区居委会工作，社会工作者并未在11月21日出现在社区居委会。而社区居委会主任则认定社会工作者将于11月21日在社区居委会约见老人。11月25日社会工作者关于约见日期进行再次确定时，社区居委会主任生气地说："你们不是说了21日周三过来见老人。我人都叫来了，你们也不来。"随后表示后期活动再说，并结束对话。

沟通氛围的突然转变让社会工作者措手不及，但接下来社会工作者以平等与真诚的态度向对方解释在此次沟通中社会工作者对事情的理解以及为什么没有出现，希望对方谅解。社区居委会主任回复表示理解，便再没有下文。

此次"沟通失效"事件后期,在笔者与社区工作者与机构督导的聊天中,得到了相关的建议与反馈。机构督导针对社会工作者的行为给出了精准的点评:"你应该主动敲定。"只有这样才能为这次沟通画上句号,社会工作者没有把事情"主动敲定"造成了此次沟通失效。而在与相熟的社区工作者的沟通中,则又收到了不同的解读:"m主任是咱们街道最后一个老主任了,她就是那样,缓一缓,等等再和她沟通。"这里也体现了有效沟通是双方共同达成的结果,也反映了社会工作者与社区工作人员在沟通能力与合作能力上的短板。然而,不可否认的是,机构督导所给出的与社区沟通的"主动敲定"策略在具体实践中是行之有效的一条法则。社会工作机构需要主动去沟通和推进服务,努力获取社区居委会的支持与关注,推动社区居委会认识到社会工作机构参与社区为老服务,是与社区居委会以相同的服务姿态为老年人的幸福晚年生活努力的。而社区居委会则始终以"观望"的态度去审视社会工作者的服务提供与工作开展,社会工作者在服务提供与沟通过程中稍有差池就可能使社区居委会产生"社工机构不靠谱、不专业""不想与对方继续合作"的想法。当然,此次沟通,也再次验证了前文所述的年轻社会工作者在基层实践中因经验匮乏所带来的不灵活与不知所措,社会工作者的专业素养与沟通能力都将直接影响服务的进一步发展。

第二节 信息阻隔与情感阻断

一 特殊事件的场域影响力

社区居委会与社会工作机构之间的各不相谋往往发生在服务进展到一定阶段时,特殊事件的发生往往是刺激二者关系发生转变的重要节点。从初期社区居委会的谨慎付出、持观望态度,与社会工机构的努力行动希望促进局面改变，发展到二者关系的疏离、冷淡，乃至信息阻隔与情感阻断，是特殊事件的发生，以及事件发生前后的交流互动所带来的后果。

笔者于 2017 年底刚进入 W 社区，以社区居委会实习学生助理的身份跟随社区居委会工作人员开展社区工作时，便注意到社会工作机构与社区居委会之间的"互不来往"，也正是持续性的观察促使笔者决定就二者之间的互动关系展开研究。当笔者就"家庭助理"服务项目在本社区内开展的相关服务进行询问时，社区居委会工作人员回复得含糊其词，甚至直接表示"对他们的事情不了解"，并告知笔者直接询问驻街社工会获悉更多服务信息。这些表现从某种意义上佐证了二者之间的关系存在问题。在进一步的关系确认中，笔者观察到哪怕驻街社工在距离社区居委会不足百米的地方办公，二者仍保持毫无交流、冷淡疏离的状态。笔者进一步调研发现，服务开展的前期社区居委会帮助社会工作者引荐了社区内需要服务的 5 户独居和空巢老人，关系良好；而二者关系的疏离与冷淡则是起源于"社区老人被社工遗忘"这一特殊事件，进而使社区居委会对社会工作机构与社会工作者不信任以及对项目服务不认同。

> 像 R 机构，他们一开始不熟练，什么都不太了解，跟老人定了服务又实现不了，志愿者有事不来了，那老人的事不等人对吧？所以老人不是特别想跟他们联系。就像上次定好了帮老人弄卡，老人就在家等，老人跟居委会打电话说人没来，他们说派另外一个人，结果另外一个人有事也没来。（W 社区老居委会主任 t，56 岁，基层工作经验 9 年）

与服务对象约定好又难以实现承诺，这本身已违背社会工作的专业伦理与职业道德。并没有做到充分地尊重服务对象与理解服务对象，认识到服务对象所面临的问题可能是其本身最为关注的、对其生活有着重要影响的事件。在此次事件中承诺上门服务的服务对象 S 老师为退休教授，独居家中，子女在国外生活和工作，平日的活动主要是独立撰写人生回忆录和与子女网络视频通话，因此，帮老人调试网络、教老人使用手机和电脑是对老人来说最为重要的事项。社会工作者对服务对象的认识不深，可能尚未意识到问题的严重性，而深知服务对象生活和情感状况的社区居委会，明白"爽约"事件有可能给老人带来的心理上的焦灼与生活上的不便，进而对社会工作机构产生"不靠谱"的印象。而在后期笔者与项目负责人就此事进行询问时，负责人则表示对此事并不知情，这同时也暴露出项目内部团队管理不到位的问题。

我不知道有这个事，你不和我说我还不知道中间发生了这么一件事。这答应了服务对象的事最后没有做到确实是我们的不对。这你也能看出来我们项目的一个大的问题，就是内部的沟通上，我是给他们安排了，但是做得如何，如果有人给我反馈肯定不是今天这个样子。这也就是我之前和你说的，其实不是我直接管理团队，真有啥事我还不能说他，我还得跟领导先说然后让领导再转述给他，我只是安排，没有奖惩措施很难说是管理。我现在宁愿赚得少一点，我就做事、做服务，现在一个人做 2~3 个项目，各个项目进度还不一样，一个要结项的话，其他的项目可能就要放一放，如果放的同时，手下的人还能够指得上，有把握继续按部就班服务也行，问题是手下人不够，能力也不足。这不是我们一家机构的问题，这是整个行业的普遍现象。（"家庭助理"前项目负责人 g，31 岁，社工实践经验 7 年）

我们从 g 的叙述中可以看出 g 虽作为项目负责人，却也同样处于尴尬和被动的地位，管理权的名存实亡以及项目内部沟通反馈机制的不健全，在自身肩负多个项目、难以分身的情况下，项目在基层开展过程中频繁出现问题既是必然，也是无奈。而这必然影响社区居委会以及社区居民对社会工作机构、社会工作者以及项目本身的看法。

面对与自己并没有直接利益关系的社会工作机构与项目，当社区居委会对社会工作机构不再表示认可的时候，社区居委会便直接划清与社会工作机构之间的工作界限，社会工作机构虽在社区服务，却与社区服务的主体——社区居委会之间呈现"毫无关联"的状态，只是依照项目计划书完成服务任务。

二　沟通滞后的发展障碍

（一）负面印象的形成过程

由特殊事件所引发的社会工作机构与社区居委会之间的关系疏离，并非瞬间产生的。事实上，即使在实践过程中也有负面事件发生，及时的沟通与妥善的事后处理能够减少负面事件的影响。然而在上述事件中，驻街社工未能有效协调志愿者上门为老人提供服务，且没有及时向项目负责人反馈，在后期社会工作机构也没有就此事及时与维护社区居民利益的社区居委会沟通并妥善处理，致使该问题被就此搁置。由此，"服务不到位""对居民不负责"成为社区居委会对社会工作机构的评价。

社区居委会通过社会工作机构的服务提供，以及与社会工作机构的互动而形成对社会工作机构的认知与印象，反之，社会工作机构在与社区居委会的互动过程中，同样也因社区居委会的言行而对社区居委会产生相应的认知。社区居委会是否好沟通、是否认真负责、办事效率如何，社会工作机构同样也在以此评估着社区居委会，并采取相应的实践策略。

访谈中，笔者从社会工作机构项目负责人的描述中可以看出，其对社区居委会的部分做法十分不满，认为社区居委会的某些行为违背了为居民服务、以居民为中心的初衷。在互动机会有限的情况下，社区居委会与社会工作机构相互之间如果产生双向的负面评价，则不利于双方后期工作中的相互配合与支持，如果双方缺乏主动的姿态，以及及时、必要的沟通与澄清，可能导致关系的进一步恶化。

（二）沟通滞后的原因分析

当社会工作机构与社区居委会之间处于信息阻隔与情感阻断状态时，"社会组织+社会工作者+社区"的"三社联动"机制及其理念注定将最终只停留在项目书的前页上，社会工作机构与社区居委会之间优势互补、相互学习，将社会工作的专业优势与基层服务经验紧密结合，形成合作伙伴关系，通过完善、更新社区老年人信息台账，体察老年人生活动态，及时发现问题、解决问题也注定只能成为社会工作项目成立初期的理想和最终的一番空话。

> 现在的情况就是他们做他们的，我们做我们的，他们之前也来社区组织居民剪头发，但是服务不持续，价格上还好，1个人15（元），但是得定期来才行啊。刚开始的时候我们帮他们推荐了5位老人，现在的服务情况不知道怎么样，他们很少跟我们反馈，也很少说他们有什么困难。（W社区老居委会主任t，56岁，基层工作经验9年）

社会工作机构与社区居委会有共同的服务对象，服务目标也均是希望通过服务行为为社区内独居、空巢老人提供力所能及的物质与精神上支持与帮助，希望社区居委会与社会工作机构之间产生服务的合力，而从当前的情况来看，社会工作的服务对象仅仅是从社区众多独居、空巢老人家庭中单独"拎"出来的个别老人，服务对象的数量较少，且与社区居委会的为老服务工作存在隔离。社区居委会在服务过程中的"缺席"既不能为社会工作者了解老人的生活背景、生活习性与性格特点提供有效的信息支持，也不能将社会工作者在对老人开展服务的过程中所发现的异常及时地反馈至社区居委会，促使双方共同关照服务对象的生活状况，对服务对象的问题做到及时反映、及时处理。

> 还有一点一直希望社工去做，你完事要跟居委会说一下，老人什么状态也说一下，但是我们做不到。我们还有一个比较大的失误，对志愿者的要求太高……为什么社工去做明显比志愿者要好，因为对老人服务过程中或服务前后的问题，都需要专业社工去与居委会沟通。但是这样的情况较少，所以居委会对我们的工作不了解，甚至对我们的工作不满意也是可以理解的。（"家庭助理"前项目负责人 g，31 岁，社工实践经验 7 年）

由此也可以看出，社会工作机构项目团队内部管理的失控、团队成员的素质不一、志愿者培育环节的薄弱，都是导致双方沟通缺失以及沟通不畅的重要因素。"打铁还需自身硬"，社会工作机构作为外来服务机构，以"专业化的力量"为开展服务的重要"敲门砖"，那么就只能依赖专业化的团队与专业化的服务在社区立足，赢得服务对象与社区居委会的认可，进而得到相应的资源支持，推进服务的发展。而社会工作机构所暴露出的种种弊病，无疑非常不利于社会工作在基层专业主体性的建构。

（三）场域形势的错误预估

社会工作机构项目负责人对社区居委会产生特定的负面印象，

将直接影响项目在该社区的实施路线。鉴于项目前期负责人 g 认定社区居委会难以合作和沟通，因此选择在社区居家养老服务实践场域内直接转变服务路线，不依赖社区居委会开展工作成为 g 进行服务尝试的方向。

> 我们今年还有一个变化就是既要独立于居委会，又不能脱离他们。比如说我们之前做活动很多是居委会帮忙联络，那么我们今年要想办法自己去联系服务对象，让居委会脱离出来。（问：为什么要脱离出来，现在似乎还不到脱离的时候？）因为第一，居委会的工作数量、工作内容确实在增加，如果再像以前那样过多地让人家去做，可能因为做不过来而降低效果；第二，我们希望在服务时链接好资源，比如说明天上午能来多少人，来的都是什么样的人，目的是什么，我们想要变成我们与服务对象一对一沟通；第三，对外宣传海报上要有报名渠道，你可以来参加，当我们的服务足够新奇，足够满足需要，有一定效果的时候，他会主动联系我们。（"家庭助理"前项目负责人 g，31 岁，社工实践经验 7 年）

我们从 g 的论述中可以看出，其对社区居委会工作任务重、处理事务繁杂琐碎的认知是准确的，因此希望借助社工自身的力量去开展服务想法也是可取的。然而 g 忽略了另一部分的重要事实，也就是说，就社会工作项目目前的实施情况而言，脱离社区居委会开展服务的想法过于理想化，要想开展好服务仍然在较大程度上需要社区居委会的支持与协助。这种支持与协助包括对服务对象的家庭生活背景、个人性格特点、日常面临问题与需求等重要信息的提供。同时在社会工作者与服务对象之间前期信任关系构筑的过程中，在项目实施社区为老旧单位小区的背景下，社区居民把社区居委会看作"娘家人"，社区居民对于社区居委会的信任值是具备场域效力的，社区居委会的推荐、介绍与服务过程中的必要支持与协助将非常有助于服务对象与社会工作者之间消除陌生感、增进信任。社会工作者在服务初期要积极维护与服务对象之间的关系，同时要明白，服务对象对社会工作者的接纳在较大程度上源于社区居委会的推介，接纳的基础依然在于社区居民对社区居委会的信任。社会工作者与社区居民之间信任关系的不稳定也将影响到社区居民对于社区居委会的信任。因而，社会工作机构需要具备系统化的场域思维与关系视角，意识到其实践行为带来的影响可能是多方面的，结合场域情境，不断修正与调适自身的实践策略。再者，在社区小组活动的组织过程中，依据项目目标以及小组活动的类型，适合参与该小组的社区居民，均可在与社区居委会相互探讨的基础上由社区居委会协助推荐与联系，且社会工作者在小组活动中，可在观察与协助社区居民的过程中识别潜在服务对象，在与社区居委会协商后尝试以合适的方式与潜在服务对象建立关系，促进潜在服务对象转化为真正的服务对象，以此来保证服务的针对性与专业性。这些工作都需要依赖社区居委会的协助来实现项目的深度专业化、覆盖面的扩大化，而忽视社区居委会对项目本身可能产生的影响与价值，可能导致项目推进的"冒失"与"错判"。

事实上，在社会工作项目在社区的实施过程中，即使与社会工作机构保持疏离的关系，社区居委会也并非全然地对项目"不关注"与"不在乎"。社区居委会作为社区居民的"娘家人"，自身肩负维护社区居民利益的角色与重任，便不可能真正忽视社会工作项目在社区的实际开展情况。社会工作者如何与社区居民互动、社区居民的反馈如何、社区居民是否出现不满意的情况，依然是社区居民委员会关注的重点，社区居委会也依然会通过多方渠道了解服务开展情况。尤其当社会工作者以小组的形式在社区开展服务时，现场参与的居民年龄与数量、参与人群中是否有存在矛盾与纠纷的居民、小组活动以何种形式展开等都是社区居委会特别关注的。

因此，综合以上多重考量，放弃社区居委会而独自开展服务将极大地增加工作开展的现实难度。在 g 提出放弃与社区居委会合作的工作思路后，首先组织工作人员走进社区，通过随机采访社区居民的方式进行摸底调查，了解社区居民对服务的期待与建议。而此次走访发现，7 个社区的居民中，较少有正在接受"家庭助理"服务项目服务的，且多数居民表示并不知道该项目，甚至有居民对工作方式直接提出建议：

> 你们不应该直接找我们问，你们应该去找居委会，他们对社区里有多少孤寡老人，需要什么帮助比我们清楚得多，而且你们一下子过来，很多人也都不了解，不知道你们是做什么的，你们还得费老半天力去解释，听了半天，我觉得你们做的是对老人好的事，但是你们要去找居委会，他们说什么，发布什么消息，居民都听都相信，你们跟他们多沟通沟通，看看你们的工作怎么开展。大家对居委会还是非常信任的。（Y 社区老年居民 l，63 岁，退休在家）

连续一周的主动出击并没有达到预期的效果，在社区可随意走动的居民往往还不存在强烈的照料需求与精神慰藉需求，而那些真正独居且需要照料的老人，多因身体原因难以下楼活动，因此，从社区居民处收集而来的信息与建议往往并不能代表需要帮助群体的真实需求与声音。而社区居民直接建议去与社区居委会沟通、共同商讨社区内为老服务工作如何推进，则更是突出了项目负责人对项目工作开展路线的误判。

第三节 实践权的丧失

一 专业能力遭遇质疑

正如前文所说，特殊事件的发生往往是导致社会工作机构与社区居委会关系发生变化的转折点，正向的事件有助于彼此之间获取有关对方的更多认知。这种认知的内容是丰富的，不仅涉及专业的、职业的知识，还涉及个体生活的交流与经验的分享，从而促进相互理解与相互支持。负向事件的发生则起到反作用，使得职业素养均有待提升的双方陷入负面评价中，二者缺少缓和的空间，也进一步引起了关系的恶化。社会工作机构作为进入社区生活场域开展服务的外来组织，所面临的最严重的状况要数"实践权"彻底被剥夺。

以 2019 年 9 月 C 社会工作机构在 Y 社区的一次中秋活动为例。在老年社会工作服务中，由于老年群体社会角色与社会关系的弱化，且随着子女长大离开家庭，以及晚年部分家庭成员的离世等生活变化，老年群体的社会支持网络趋于弱化甚至匮乏，因此，在社区层面，鼓励与引导老人，尤其是独居与空巢老人，走出家门、走向社区，感受来自社区与社会的关怀，充分发挥邻里作用，构建新的活动场域与交往网络，对老年人的晚年生活有着重要的价值与意义。而在基层的小组活动开展中，借助传统文化优势以及老年人对我国传统文化的认可，以传统节日为契机开展的敬老爱老活动往往成为社会工作服务项目的重要切入点，中秋节、重阳节等往往是吸引老年居民走出家门、走向社区的重要传统节日。

R 社会工作机构与 C 社会工作机构均于 2019 年 9 月在街道内所

有社区开展了中秋节敬老活动。在 Y 社区，C 社会工作机构开展的是中秋节主题的"中秋花灯"手工小组活动，而 R 社会工作机构则开展的是"冰皮月饼"手工小组活动，同一主题不同内容的小组活动，都希望通过组织与带领老年居民做手工，感受节日的氛围，共度佳节。参与过程中通过相互之间的交流与互动，增进老人与老人之间的交往，进而提高社区居民对社区的认同感与归属感。而一场社区小组活动包括前期筹备、人员安排、物资购买、现场带领、事后总结等不同阶段，在正式活动的开展前，妥善的物资筹备工作不仅包括购买合适的物资材料、提前准备场地，更为重要的是确保物资购买得合适，这种合适包括性价比高、质量合格，以及与老年服务群体适配等。也正是在此次"中秋花灯"手工小组活动中，C 社工机构在前期物资筹备与筛查过程中出现了严重的失误，引发了社区居委会与社区居民的不满。

在此次"中秋花灯"手工小组活动筹备的过程中，C 社工机构所购买的灯笼属于"手绘灯笼"，但灯笼本身外观简易、制作流程简单，显然更为适合儿童，而且部分灯笼的颜色与中秋欢乐愉快的氛围相悖。此次活动暴露出部分社会工作机构缺乏严谨的物资审核流程的问题。作为社会工作者，应充分考虑所服务人群的文化特征与心理特征。此次物资筹备的失误也印证了上文所说的部分年轻社会工作者生活阅历乃至基本常识的缺乏，以及工作上的不严谨，而这必然给社区居民与社区居委会留下不好的印象。

物资的购买失误给社区居民与社区居委会留下了不好的印象，而让社区居委会彻底决定不再接受 C 社会工作机构服务的刺激点则在于服务过程中社会工作者的用语与态度，因此社区居委会彻底否定了其专业性并剥夺了其在 Y 社区的实践权。反思 C 社工团队的小组活动过程及其与社区居委会之间的互动，可以发现其严重缺乏专业性。固然年轻的社会工作者生活经验、人生阅历的缺失会导致其工作推进艰难，甚至将专业性的目标暂时搁置，但基本的服务态度的缺失则是社会工作者的重要失职，这必然导致社区的不认可与拒绝。

二　评估倒逼的社工焦虑

同一街道内多家社会工作机构同时开展服务活动，街道与社区必然会对社会工作机构之间进行横向对比，社会工作机构之间也会因身处同一行业产生内部竞争。同行竞争在众多行业领域都属常见现象，而社会工作机构之间竞争的重要影响因素在于社会工作机构在较大程度上依然依赖政府购买服务维持自身生存和发展。因此，即使两家社会工作机构在同一街道展开服务，也往往难以形成合作伙伴关系，往往是各行其是。

对比两家社会工作机构的服务管理，需要从项目设计、人员配备、项目实施、过程监督、目标实现、风险把控等多方面来进行分析。在"家庭助理"服务项目中，R 机构社工团队尽管存在人员数量不足、专业素养有待提升、团队内部管理失控、项目设置本身与社区实际需求存在差距等问题，但在具体实施中，围绕项目书设置目标，着眼于完成项目任务，以及在此基础上寻求项目的专业化发展、服务的扩大化与服务的改进与提升。而正如前文所述，在 Y 街道的项目中，C 机构社工团队更多时候仅有 1 人负责整个项目，从最初的项目设计到项目的整体实施，常常是一人分饰多角，且 2017～2019年，更换了 3 次项目负责人。尽管 C 社工机构主推老年人心理关怀服务，但仅机构创办者掌握专业的服务知识与技能，机构员工则缺乏心理学的专业背景，无法在服务实践中体现心理服务的优势。心理学的专业背景在项目申请的过程中亮点突出，而在实际的项目实施中较少体现心理的元素。项目原负责人 h 为社工专业本科生，从南方城市来 B 市实践的同时也为体验新生活，注定难以长期停留于项目内；项目后期负责人 w，在职社会工作硕士研究生，常往返于 B 市与就读学院之间，工作日上班周末返校上课。于社会工作实践而言，二人皆为实践的新手，更多的是在实践中学习、在实践中积累。

> 其实这个项目也是我中途接过来的，之前的负责人也是我们机构的，但是另外一个人。因为我去年 10 月才来的这个机构，那个负责人离职了，所以一开始他们（指社区）都不认识我，慢慢才熟悉起来。整体感受还好，就是项目书里面有些东西其实没做到。反正就是实际情况跟理想状况不一样。项目书上就是一个具体的想法，但实际操作起来比较难。反正那边这个项目算是结束了。（"以小助老"志愿团队项目原负责人 h，26 岁，社工实践经验 1 年）

> 虽然本科学习的是社会工作，现在也在读社会工作的硕士，但是专业究竟是怎么一回事还是不是特别了解，我觉得一直处在学习和摸索之中。像 Y 街道跟我们不在一个区，距离太远了，光来一趟都需要 3 个小时，要是在本区可能还好点。所以在这边开展的服务就少了点。（"以小助老"志愿团队项目后期负责人 w，24 岁，社会工作硕士研究生在读，社工实践经验 1 年）

在临近项目结束时尚未完成项目任务，作为服务提供方，快速完成基本服务指标是社会工作者面临的首要问题与最大焦虑因素。而机构专职社工实践经验的缺乏、前期社区需求调研的不彻底与不深入导致项目设计的不落地，以及项目实施过程中缺乏弹性、灵活的调整，过度依赖项目书而忽视社区基本现实，项目实施过程中的多重不专业因素导致了"以小助老"项目在终期评估阶段的被动与无助。与此同时，由于 C 社工机构与社区之间相对较远的现实距离，与社区居委会少有的沟通也更多依赖电话、微信等快捷手段，然而沟通方式虽便捷却并不能保证沟通的质量，如此一来不仅降低了服务的成效，还减少了服务提供的频率。因此，当社会工作机构与社区居民之间缺乏固定、直接、信任、专业的服务关系时，社区居委会的协助与支持成为社会工作机构开展工作的唯一抓手。而服务过程中的"不专业"加深了社区居委会对社会工作机构的不认可，最终只能将社会工作机构拒之门外，剥夺其在社区的实践权。

三 社区居委会的风险意识

在上述案例中，在社会工作机构表现出服务的不专业，甚至可能给社区招致麻烦的情况下，社区居委会所扮演的是"强势的社区代言人"角色，直接决定是否允许社会工作机构在本社区内继续开展服务。这不禁让人产生疑问：此时的社区居委会何以具有如此大的场域裁决权？承载了大量行政业务的社区居委会，在日常工作中视街道为直接领导。在社区居家养老服务场域与权力场域的互动渗透中，此时作为服务购买方的街道也更加倾向于尊重和认同社区居委会的场域判断，社区居委会因此具有了更大的场域话语权。在社会工作机构在本社区所开展服务可能给社区带来麻烦的情况下，社区居委会往往秉持"居民利益是首要的，社工参与是次要的"的理念，直接决定是否允许社会工作机构在本社区继续开展服务。

> 他到社区来是给我们开展服务的，不是给我们添麻烦的，就算最开始是街道跟社工机构签了合同，那也是街道看到了咱们社区里老人，尤其是独居和空巢老人需要帮助，但是我们人少力

量也不足，需要外边的支持，社工又是专业的，就请过来给我们提供帮助，但是你不会说话服务也不专业，那我们社区是绝对不要的。就算我到街道那里去说理，街道也肯定向着我们，不会说我们工作没做到位。因为我们是代表居民的，肯定是把居民的利益放在第一位的。我们既然这样说了那肯定是有充分的证据。不会说人家过来给我们帮忙，为我们社区老人服务，我们非不让人家弄，非把人家赶走。（Y社区新居委会主任1，40岁，基层工作经验6年）

社区居委会的此番做法是基于"以事说理"，而这种"以事说理"甚至可以说是社区居委会在多年的基层工作中摸索出的面对质疑与挑战的重要经验，不论是在与街道上级还是与本社区居民，抑或在与外部单位打交道的过程中，都是社区居委会能够挺直腰板、应对质疑的行之有效的方法。在整个行为背后，社区居委会看似扮演"强势的社区代言人"的角色，坚守原则、牢不可破，其根本的场域实践逻辑基点则在于社区居委会肩负着维护本社区安定、居民利益不受损害的重要责任。因此，具备敏感的风险意识是社区居委会在处理错综复杂的关系与烦琐事务中必须具备的重要能力。

面对社区居委会的果断拒绝，社会工作机构往往采取迂回与等待的策略，在服务领域尚不饱和的情况下，考虑到街道辖区内还有其他社区可开展服务，往往将服务的目标转向其他社区。而这种"转战"的场域实践策略，并非万无一失。因为相比社会工作机构与社区居委会之间脆弱的伙伴关系，街道辖区内社区居委会之间，由于同一街道内与居民打交道的相同工作情境，以及在必要时刻与街道的"柔性对抗"中往往有着共同体般的命运，尽管有时会呈现竞争的关系，但更多的是彼此共情、相互信任的关系，用社区居委会主任的话讲，即"一条绳上的蚂蚱"。试点社区对社会工作机构的评价和看法会直接影响到其他社区对该社会工作机构的印象与互动。因此，即使社会工作机构采取"转战"策略，也并不意味着在不同社区养老服务场域下专业服务将畅通无阻、顺利推进。在社区居家养老服务场域，社会工作机构与社区居委会之间的关系恶化，对社会工作机构而言，损失更为严重。

四　人情关系的调节阀

社会工作机构与社区居委会之间关系的变化，是否存在补救措施？"降至冰点的关系"是否存在缓和的余地与空间？对于外来进入社区开展服务的社会工作机构而言，这些都是不得不考虑的问题。

正如上文所述，C社会工作机构在该社区开展服务时，正值中秋佳节，笔者所在的R社会工作机构同时也在该社区提供服务。而值得注意的是，笔者所在的社工团队同样缺乏充足的基层实践经验，从整体来看，社工机构所面临的现实窘境差别不大。比如在小组活动方案中的风险并非仅仅停留在纸上，现实中则往往存在更多难以预料的突发问题。在笔者所在团队开展的"冰皮月饼"手工制作、与老人共度中秋佳节的活动中，在物资准备上，社会工作者没有充分考虑到月饼成品过小，现场可能出现月饼领取过多而导致的月饼数量不足、分配不均等问题。在现场参与的老人方面，在没有与居委会进行沟通的情况下，手机教学小组的社会工作者前期主动邀请了老人参与此次活动，结果导致社区居委会预期邀请老人和实际参与的老人之间出现略微差异，因此产生了沟通上的问题。面对上述社会工作机构的失误，社区居委会现场直接提出了对社会工作者在工作组织以及沟通上的建议。

然而与C社会工作机构不同的是，笔者所在团队在Y社区长期开设有针对社区老人的"手机学习小课堂"的开放式小组服务，与社区居委会工作人员有着较为长期的打交道的经验；与此同时，长时间的社区居委会实习，以及对"社会工作机构与社区居委会关系"的研究，笔者深知基层互动中与社区居委会建立友好合作关系的重要性。即使在国外研究中，私人关系也成为与社区合作的重要因素之一。[①] 因此，在笔者担任项目负责人期间，每半个月与社区居委会进行一次沟通，倾听社区居委会的意见与建议，双方共同商讨针对各社区的服务策略，不断调整工作方案成为社工与居委会沟通的常态，也因此建立了相对深厚的信任关系。关系在中国社会工作实务中的作用突出，这不仅体现在与服务对象之间的关系上，[②] 也体现在在实践场域中与相关实践主体之间的关系建构上。结合我国的文化背景，中国人倾向在"关系"中选择行动路线，并不表明中国人的行为是关系取向的，中国人社会行为的总体特征不过是"讲究关系"而已。[③] 发展关系、培养信任、推进合作，在社区居家养老服务场域中就显得尤为重要。尽管在与社区居委会的互动关系中，工作关系仍旧占据主位，但在频繁的互动过程中形成的较好的信任关系与朋友关系依然有助于社会工作者了解社区实情、理解合作伙伴与社区民众，在与社区居委会的深度合作中也有助于形成相互体谅、相互帮助的伙伴关系，而非相互指责、相互纠错的敌对关系。

　　知道你们要来开展活动，所以预计邀请哪些老人我们一开始都计划好了，咱们场地也有限，就请 15 个人，我都是看那

---

① Susan, D. E., Peter, J. R., Armando, G., Gojko, V., Rino, J. P., "Interorganizational Collaboration in Social Service Organizations: A Study of the Prerequisites to Success." *Journal of Children and Poverty*, Vol. 6, 2000, pp. 119~140.

② 杨超、何雪松：《社会工作的关系视角》，《学海》2017 年第 4 期，第 134~140 页。

③ 翟学伟：《中国人行动的逻辑》，生活·读书·新知三联书店，2017，第 246 页。

些独居、空巢的，经常一个人在家的，或者有的很少出来的，把她叫到社区里来，大家都一起热闹热闹，但是没想到你们的人主动给手机课堂里的老人说了，这一说不得了，接着就有老人来社区居委会找我了，为什么请她来不请我来啊。我费了老大劲跟老人解释说，这回主要是请咱们社区里的独居、空巢老人出来活动活动，因为他们是咱们的重点关照对象嘛！你们下回可一定得跟我们沟通好了，要不然你们这一弄，我们的工作就非常不好做了。还有就是咱们这次的月饼也忒小了点，自己吃倒无所谓，下回还是稍微注意点。（Y 社区新居委会主任 1，40 岁，基层工作经验 6 年）

特殊事件的出现往往是刺激二者关系发生转变的重要节点，却并非唯一缘由。双方之间的沟通推动着二者之间关系的演变，同时也持续影响着二者之间的关系转化。在社会工作机构与社区居委会频繁的沟通过程中，增进的不仅仅是双方对彼此的认知，更是对彼此的信任，促进双方的深入交流。而这种交流不仅涉及工作层面，也涉及生活层面。在注重人情关系的本土情境下，这有助于构建社会工作机构与社区居委会的双向依赖与工作支持关系。因此，从积极的层面看待双方之间的复杂关系，能够充分发挥"人情关系"的优势，进一步促进服务的完善和服务的专业化发展。

第四节 场域结构关系

一 依附的地位与被动的差异化分析

（一）社会工作机构的依附地位

布迪厄在对场域的分析中指出，特定资本的分配确立了行动者在场域中的位置，不同行动者所掌握的资本之间存在差异，而且资本的相对价值取决于具体的场域以及场域发展的不同阶段。在社区居家养老服务实践场域中，从上述互动演变过程可以看出，社会工作机构相对于场域中的社区居委会，极易陷入服务场域中的被动地位，以及在服务实践中往往呈现依附于社区居委会的场域存在样态。

这种依附体现了社会工作机构在服务实践场域中，其本身所掌握的专业资本效力发挥依赖于特定场域条件，否则将直接面临专业效能发挥空间的压缩。而这种条件往往依赖于居于场域核心地位的社区居委会。为了完成服务任务、提升服务质量，社会工作机构必须扩大服务覆盖的广度、服务提供的专业性与深度，因此，为实现借助多途径扩大服务宣传范围、提高服务宣传效果的项目目标，使社会工作项目与专业走进社区老年人的生活领域，消除社区居民的困惑与质疑，就需要扮演"社区代言人"角色，与社区老年居民建立了相对深厚的信任关系的社区居委会向居民引介社会工作机构，并结合社区实际情况，将日常生活中确实面临困境的社区老人推荐给社会工作机构，以此打开社会工作机构服务的大门以及扩大社会工作机构的服务广度。社会工作机构进入社区实践场域提供服务，需要社区居委会提供相应的服务场地与其他服务支持，实现社区资源的共享。而当二者关系持续恶化，甚至社会工作机构的社区实践权彻底被剥夺时，则意味着社会工作机构进入社区实践场域权限的消失，也彻底阻断了与社区老人之间的接触空间。

（二）双方被动处境的差异化分析

1. 社会工作机构：从积极主动到陷入被动

社会工作机构在服务过程中，尤其是服务开展前期，积极主动与社区居委会之间建立信任、保持沟通，具体原因有三。首先，识别在具体社区服务实践场域中社区居委会的核心地位。社会工作机构进入社区、获得合法性凭证，需要获取社区居委会的认可与肯定。其次，项目内部的发展任务促使社会工作机构寻求合作、快速推进服务。与社区老人快速建立服务关系、获取信任、扩大服务面向，是社会工作机构寻求社区居委会支持的重要原因，也是社区居委会资本效力发挥的重要体现。最后，评估倒逼的社工焦虑。社会工作项目的评估既包括服务的成效如何，也包括服务任务是否足额完成。而在实际服务提供过程中，一个项目主管同时监管多个服务项目，执行社工也同时游荡于多个项目之间，在社工专业水平受限的情况下，服务的量与质均难以得到有效保障。因此，在服务中期与服务末期，与社区居委会搞好关系使其协助完成服务任务，成为社会工作机构的重要生存策略。社会工作机构希望在该实践场域通过积极主动成为场域中的重要服务力量，扩大服务的面向，发挥社会工作的专业效能，彻底融入社区老年人的生活日常。

在具体服务实践过程中，场域内部的特殊事件发生以及事件发生前后双方之间及时、有效沟通的缺失，社会工作机构从积极主动、努力行动，转变为逐渐与社区居委会保持疏离关系，甚至在特殊事件的刺激下，被社区居委会彻底拒绝，因而丧失在服务场域中的实践权。由此带来的后果与服务实践的困难主要体现为以下三方面。首先，不断加深的双向负面标签，使得场域内相对位置上的不同力量彻底转化为相互交叉、竞争的两股力量，同时也改变着场域本身所蕴含的意义世界。其次，彼此不沟通、信息不共享，两大核心实践主体以"各自为政"的方式参与场域游戏，忽视了社区居家养老服务场域的终极发展目标，这也预示着社区整体服务效益的力量态势逐渐低迷、弱化。最后，服务质效无法保证。正如前文所述，场域内社会工作专业的服务实践依赖社区居委会在场域中所拥有资本发挥的工具支持效力，而双方之间关系的僵化只会带来社会工作机构作为外来组织，即使拥有专业服务的资本，却因为场域中社区居民信任资本的不足处于弱势的地位，服务覆盖的广度与服务的效度受到直接限制。

2. 社区居委会：因意识不足而陷入被动

项目初期，社会工作机构刚刚进入社区实践场域，积极寻求与社区居委会合作的实践策略以扩大服务覆盖面，社区居委会则采取谨慎、观望的合作态度与策略，看似不主动，但从具体分析来看，这种不主动并不意味着社区居委会在场域内处于被动地位，相反，突出的正是社区居委会凭借在地优势，掌握着场域内对于服务提供至关重要的资本，这种优势来源于多年社区工作所赋予的社区居委会与社区居民的人情网络资本与信任资本，正是基于此，给予了社区居委会持谨慎、观望的合作态度的权力空间，而成为社会工作机构不得不依赖的场域角色也强化了社区居委会的场域地位。

然而需要注意的是，场域本身作为一个充满可能性的空间，场域结构的转型依赖行动者对场域的重新审视与认知。正因为行动者无法预测当前行为的未来结果，[①] 所以限制性的场域认知与信念必然阻碍行动者对于场域的全面探索。那么，在该社区居家养老服务实践场域中，沿袭旧有社区事务处理模式、社区服务提供模式，以问题压问题、只解决小问题，治标不治本，在对社区问题的分析处理上，仅着眼于浅层化的社区整体思维，却意识不到场域内社会工作机构本身所蕴含的专业资源优势、人力资本优势、外部资源链接优势，无法从专业的、创新社区治理与社区可持续发展的角度进行思考，体现的正是社区居委会对场域的意识滞后。从长远来看，这种滞后会使社区居委会处于被动的地位与状态，不利于社区居委会自身的发展、资本力量的提升、场域内问题的解决以及场域的转型。

---

① 〔美〕乔恩·埃尔斯特：《解释社会行为：社会科学的机制视角》，刘骥等译，重庆大学出版社，2019，第290页。

二 社会工作机构依附地位的原因分析

（一）需求界定不明

社会工作作为一种专业服务而被购买根源于社区实际需求，更为准确的是生活于社区中的老年人的需求。因此，只有对社区真实需求的锁定准确，才能展开专业有效的服务。在实际情形中，尽管社会工作专业服务的开展同样也立足于社区的具体需求，但不可否认的是，为维护合作关系，社会工作机构更注重街道所"规定"的服务任务的完成，对服务设计、服务专业性与如何提升服务成效的问题关注不充分。服务项目的设置，以及在服务购买过程中，购买的决定权、购买服务的具体内容、针对的核心群体、购买的方式、购买的流程等诸多环节，社区层面的知情权与参与权是受限的。从项目的设计环节到实施环节，都忽视了社区老人的求助惯习，以及同为服务提供主体，社工机构与社区居委会二者工作与服务开展的交叉与错位，即在当前社区居家养老服务框架下，为应对养老难题，结合社区实际，社区应当解决的首要问题是什么。

面对服务对象的特殊性，服务提供者应当首先考虑的是服务对象的特点、服务对象可能面临的问题、服务对象身边可以发动与链接的支持性资源，这些分析，与服务对象本身所处的实际生活场景密不可分，以此才能为服务的有效性奠定基础。更为重要的是，在本土服务情境下，作为专业服务力量的介入，在服务对象习惯于向亲友、邻居、社区居委会等寻求帮助的情况下，如何开发服务对象可接受的服务形式，以此克服服务对象内心的恐惧感、担忧感与不信任感。这个过程，依赖社会工作者对自身所处实践场域的把握与认知，识别促进服务有效推行的资源与学会向外借力。当然，值得一提的是，服务需求的界定本身即具有过程性，社会工作者对服务对象需求、社区需求的把握是在逐步适应场域、逐步了解中形成的，并以此来调整服务计划。然而，在需求界定不明的情况下则急需依照项目设计，完成项目指标，注定难以真正实现服务成效。

（二）场域认知不充分

场域中的行动者在受到场域效果影响的同时，布迪厄也非常强调行动者本身对场域的感知与理解。造成社会工作机构场域不适的主要原因，即社会工作者对场域的认知不够充分。首先，这种不充分体现在对服务对象所处情境的认知上。服务对象所处的情境，不仅包含浅层次的服务对象本人的特点、需求、问题与可利用的资源等常规性问题，还具有更为广阔的内容且依赖更为深入的观察与总结，具体体现为服务对象日常生活中的表达方式、言行姿态、日常求助对象与倾诉对象、社区生活的感受与态度等。因为社区居家养老服务场域的实践是以老年人为核心的服务实践，老年人在社区生活中的日常表现往往反映了进入该场域活动所应遵循的常规性规则，需要以此来调整自身的言行方式、思维方式与服务提供路径。

其次，正如前文所提到的，在本土情境下，社会工作者与服务对象之间的专业互助关系并不是直接发生的，而是受到社区居委会这一"社区代言人"角色的直接影响。我们需要充分意识到在该场域内社区居委会因其社区管理与社区服务的职能定位所决定的在社区场域中的核心地位，以及社区居委会与社区居民在长久打交道的过程中所获得的服务经验以及在居民心中所建立起来的威信。忽视社区居委会在社区中的核心地位以及社区居委会与社区居民之间的微妙关系，都将直接影响服务的覆盖面以及服务提供的成效。

（三）专业敏感度不足

尽管服务项目周期短所带来的项目前期调研的不充分被视为社会工作机构服务提供成效不佳的原因之一，但并非其核心原因。正如前文所述，社会工作的专业服务本身即一个过程，社会工作者在这个过程中构建对服务对象的认识、对服务对象需求以及周边可利用资源的认识，正是在这些认识的基础上，进行服务项目设计的微调，以此来实现项目目标。而认识需求、识别资源、调整服务、评估服务本身就是考验一名社会工作者专业敏感度的重要方面。

造成社会工作者专业敏感度不足的原因在于以下几个方面。第一，专业知识掌握不牢，不足以支撑其作为一名社会工作者对所处实践环境、所面对的服务对象展开专业分析。第二，专业认识有偏差，过度重视服务对象的个体生活情境而忽视所处社区乃至社会等外在情境的影响。第三，实务经验缺乏，实务经验缺乏直接造成社会工作者忽视在具体服务实践场域中，与社区居委会这一核心场域主体保持良好合作关系以获取有关服务对象的更多信息、学会向外借力，以及有效识别社区居家养老服务实践场域内可调动的支持性资源。第四，场域扎根不深，服务提供的有效性要求作为服务的提供者，必须深入服务对象所处的具体生活情境，了解服务对象的期待、面临问题的困难程度、可利用的资源，以此来把握自身服务提供的限度，以最大限度地实施专业手法、调动资源，减轻服务对象的生活焦虑，如此，既可保证服务落地的专业性，又能够有效识别在服务实践场域内服务提供者本身的服务限度，既做到积极投入，又体现专业务实。

第四章　迈向合作治理

第一节　更新场域认知

一　场域内在动力

老旧、单位型社区老龄化程度突出，独居与空巢现象严重，高龄老人占比较普遍高。老旧、单位型社区既有其独特优势，又存在客观困难。熟人网络的积极优势随着常住居民年龄的增长、年轻居民的逐年外迁呈现递减的趋势，笔者在与社区老人的多次访谈中获悉，"希望身边有可紧急救助的人"成为社区独居与空巢老人的集体诉求，这也是社区居委会与社会工作机构共同开展养老服务工作应该回应的首要核心议题。无论是以外来的社会工作机构提供专业化服务，还是在地的社区居委会提供常态化服务，在社区居家养老服务场域内，始终需围绕社区独居与空巢老人的生活难题与实际需要开展养老服务。社区居家养老服务场域的内部信任、彼此关怀、互助机制应当如何建立，既是该场域运转的根本动力，又是场域内实践主体开展实践的重要落脚点，更是决定场域内部结构、各实践主体场域地位的核心要素。社区居家养老模式最大限度保障了社区老人居住环境与支持系统的延续性，因而让老人在社区里住得舒心、住得安心是社区居家养老的重要发展目标。在社区为老服务提供上，无论是社会工作机构，还是社区居委会，都要充分结合社区居家养老的在地化优势，同时又要有效关注社区居家养老的不足与弊端，基于老人主体、基于情境现实提供切实、可行的养老服务。

> 其实在咱们社区生活还可以。虽然说现在就我自己一个人住，我这年纪也大了，有80多岁了，但是基本的出行，比如说去咱们社区旁边的超市买个菜还是没有太大问题的，平时也就在社区里转转、溜达溜达。家里有时候啊，就是太安静了，自己一个人也感到孤独。但是要说最让我担心的，就是怕自己出事了身边没有人，白天可能还好点，我还能喊个人，那要是半夜出事了怎么办？我之前就想，希望社区内可以设置那种紧急按铃，每个老人家里都安个，尤其是床头，咱们社区那么多自己住的老人，跟老伴住一块的子女又都在国外，不在身边。我跟我们楼上关系还不错，我就跟她说过了，要是我半夜真出啥事，我就及时给你打电话，你帮我叫辆救护车。（C社区独居老人1，教师，83岁）

政购契约是社会工作专业服务开展的客观条件，社会工作者基于购买合同、购买初衷，既要完成服务指标、又要凸显专业成效。然而在项目周期、实施基础、项目资源多重受限的情况下，追求指标完成成为当前社会工作服务项目的实施重心。而这种关注指标完成的实践策略必然带来多方面的消极影响。一方面，难以深究细研社区综合需求与情境特征，难以基于社区特征洞察老年人服务对象的问题、需求、优势与资源，最终使得服务计划的蓝图、实际执行的落实、社区老人的需求难以有效贴合，社会工作者在实际服务过程中陷入既想追求专业，又难以实现专业的心理拉扯与两难境地。社区综合需求、社区老人需求、社区情境特征的考量，建立在社会工作者充分的、连贯的社区需求调研的基础之上，这就意味着服务方案的设计与服务计划的执行并非一成不变，而是需要在实际的执行过程中进行动态性的调整。而项目周期较短、团队力量单薄等客观条件在一定程度上限制了社会工作者在深度调研、需求挖掘方面时间与精力的双重投入，最终导致了重点关注指标的实践策略。另一方面，这种实践策略与社区居委会在社区管理与服务工作中的整体性思维并不契合。社区综合养老，"综合"意味着把所有的服务资源、各种力量有效合理地镶嵌在社区养老服务框架内。[1] 社区居委会服务于全体社区居民，具体工作囊括了与各类社区居民问题与需求相关的所有日常性事务。与社会工作机构只关注特定群体的特定议题的服务内容相比较，社区居委会的工作内容涉及面更广、包容性更强、延展性更深，这在一定程度上揭示了社会工作机构的服务内容内含于社区居委会的社区整体管理与服务格局中，将"社工的事务"变为"社区的事务"不仅是实践思维的调整，更是服务策略的改变。在社区居家养老服务场域内部，社会工作机构与社区居委会都应当重新审视彼此价值，确立服务共识，构建合作关系。

围绕社区居家养老服务场域内的社区独居、空巢老人服务需求的满足，社区居委会与社会工作服务机构重视合作价值、达成合作共识，既要识别彼此的实践策略差异，也要充分认识彼此的资源与优势。社区居家养老服务事业并非一家独大，也非一桩小事，无论是对社区居委会而言，还是对社会工作机构而言，参与社区为老服务都存

---

① 潘屹：《社区综合养老服务体系建设：挑战、问题与对策》，《探索》2015 年第 4 期，第 70~80 页。

在捉襟见肘、力不从心的情形，社区居家养老服务场域的良性运转有赖于服务提供主体即实践主体的有效配合与积极互动，满足场域服务对象的根本需求，重新赋予社区居家养老服务场域积极的场域内涵与价值意义。社会工作机构需要拓宽服务思维，延展服务触角，将整体性社区服务与合同约定服务实现有机衔接与有效融合，将"社区的事"变为"社工的事"，只有站在整体性的思维视角上，社会工作机构才能最大化地依赖与借助社区居委会的在地化优势，同时从根本上满足社区居家养老服务场域的实际需求，将阶段性的专业化服务与常态化的社区服务、长远化的社区发展紧密连接在一起，切实推动专业落地、发挥专业效力。作为城市社区建设目标模式的善治，其本质特征为：有一个具有实现城市居民社会生活公共利益最大化的决策、实施、动员能力的社会管理制度体系。[①] 社区居委会应走出思维误区，学会借势借力，将社区居委会不能做、不好做、做不好的事务交给社会工作机构，依赖专业力量推动社区管理与服务工作，将"社工的事"变为"社区的事"，社会工作者的力量参与不仅仅是"事"上分担，更是"人"上巧用，通过专业社会工作者的力量将棘手、存在心理健康等问题的老年人及时转介，扩大社会工作专业力量的服务面向、服务类别与服务内容，以自身为基层触角、输送专业服务力量，从而最大化地保障老人权益、维护老人利益、满足老人需求、解决老人问题。

二　社区情境差异

社区居家养老服务场域内老年群体的服务需求并非单一的、短期的，而是综合的、常态的。围绕老年人的日常生活、心理健康、医

---

① 赵孟营、王思斌：《走向善治与重建社会资本——中国城市社区建设目标模式的理论分析》，《江苏社会科学》2001 年第 4 期，第 126~130 页。

疗保健与危机救助，社区为老服务的拓展既包括基于老人及其家庭的微观干预与服务，也包括社区情境下的支持网络构建与活动开展。社会工作专业力量融入社区养老服务，需要综合性的社区情境分析与服务群体分析，围绕社区类型、社区人口结构、老年人及其家庭特征，把握社区老年人的服务需求与问题表现，从而制定相应的服务方案。基于社区情境的社会工作服务项目创立的基础往往是服务购买方，如街道办事处等，结合街道概况、社区整体情况确立服务方向、聚焦服务群体、明确服务主题。项目设置具有宏观与中观层面上的合理性，然而在实际操作中，社会工作机构依然要扎根社区、把握社区实情、探索实践策略。区分项目初期构想与社区实践情境的操作性差异，将项目服务目标、具体指标与社区情境特征、实际需求借助专业力量进行有机融合与创新拓展，在完成项目指标的同时，体现专业价值与专业成效。

从我国城市治理和社区自治看，居民自治的有效实现形式应该是一个多层次、多样式、多类型的体系。[1] 渠敬东认为，项目制是我国近 10 年来社会治理体制机制运行的一个独特现象，依照事情本身的内在逻辑，在限定时间和限定资源约束的条件下，利用特定的组织形式完成一种具有明确预期目标的一次性任务。[2] 然而社区治理缺乏前瞻性和规划性[3]往往是基层项目设置的障碍，进而导致后期项目执行过程中的种种难题。下面结合两个已有项目，即 R 社会工作机构"家庭助理"项目和 C 社会工作机构的"以小助老"项目进行分析。R 社会工作机构的"家庭助理"项目立足于外部志愿者与机

---

① 徐勇、贺磊：《培育自治：居民自治有效实现形式探索》，《东南学术》2014 年第 5 期，第 33~39 页。

② 渠敬东：《项目制：一种新的国家治理体制》，《中国社会科学》2012 年第 5 期，第 113~130 页。

③ 周昌祥：《创新基层社会治理的有效方式：以服务为本的社区社会工作》，《社会工作》2014 年第 2 期，第 26~32 页。

构专职社工，对社区内独居、空巢老人开展精神慰藉服务。C社会工作机构立足于机构专职社工，为缓解社区为老服务压力，促进社区内部更为有效的服务提供，致力于由机构专职社工培育社区内部老年志愿者，建立社区内部组织化的老年志愿服务团队，为社区内部的独居、空巢老人提供便捷又放心的服务，同时增强社区人情味。从街道层面看，两个项目同时依赖专业力量，且在服务内容之间相互补充，R社会工作机构的"家庭助理"服务依靠外部志愿者，为独居与空巢老人提供所必需的精神慰藉服务；而C社会工作机构的志愿者培育通过建立社区内部的志愿力量为社区内部为老服务的开展奠定坚实的基础。然而看似合理，甚至完美设计的社工项目在社区面临较多实践困境。社区独居、空巢老人社会支持系统中的单位、社区和市场处于弱势，出现了以自己的配偶为主、子女为辅的"家庭自助依靠型"社会支持。① 社会工作参与社区居家养老服务本就是超越个人能力限制的资源融合过程。② 应当转而关注社区内独居、空巢老人所获得的实际服务以及在多大程度上盘活了社区内部资源与服务网络，去统整和理顺社区居民的共同利益诉求。共同的利益往往是社区居民产生归属感、认同感和共同行动的基础，是居民参与社区公共事务的直接动力。③

（一）高知老人群体的特殊性

高知老人除了面临衰老带来的身体机能的衰退、记忆力的减退、行动能力的不便，还多了知识分子群体的特征，这种群体特征是知识分子的工作环境与长期的生活状态所导致的，该特征的存在以及在

---

① 田玉荣主编《非政府组织与社区发展》，社会科学文献出版社，2008，第190页。

② Baile, Y. D., and Koney, K. M., *Strategic Alliance among Health and Human Services Organizations: From Affiliations to Consolidations*. Thousand Oaks, CA: Sage, 2000, p.105.

③ 夏建中：《城市新型社区居民自治组织的实证研究》，《学海》2005年第3期，第89~95页。

老人身上的长期固化是针对这部分老人开展服务所不得不考虑的。在社会工作的专业价值理念中，服务对象本身所具有的特征本身并无好坏之分，而是在服务开展过程中必须加以考虑的重要因素。

在实际服务接触过程中，可以了解到高知老人普遍具有以下特征。第一，喜静。静下心来做学问，全神贯注于科研与教学是知识分子工作的常态，这两项工作是以长期沉浸阅读、思考与写作为基础的，而且知识的吸收与转化、思维的发展过程是非常个体化的，如此，沉浸钻研，造就了知识分子"坐得了冷板凳"和"耐得住寂寞"的性子，而此"耐得住寂寞"并非绝对意义上的一直与"寂寞"为伴或为人冷漠，而是指相对而言，工作环境、工作所需所造就的科研工作者个人能够独立地完成脑部劳动的过程，但与此同时可观察到的是，这种情形也造就了常见的日常生活中，知识分子沉浸于个人生活世界与学术世界，"不爱出门活动""不善交际"成为他们的普遍特征以及外界对他们的普遍印象。第二，思维理性而显得为人清冷。知识分子所接受和反复训练的是逻辑思维的能力，习惯于理性看待问题与处理事情。凡事讲求有理有据，对问题的讨论强调问题设置的合理性等，因此，他们即使是在公共场合也较少表现出丰富的情感，情感表达能力被压抑，在与外界沟通时也较少会流露出丰富的情感来，即使为人温和，也不同于一般民众交往时所熟悉的亲和力，"温和"非"亲和"，因而时常被贴上"清高""为人冷漠、疏离"的形象标签。第三，自尊心较强且很难学会示弱。知识分子的自尊心强是建立在严格自我要求的基础之上的，对问题的思索偏向于深刻与全面综合的考虑，对"不成熟""不完善"的想法表达总是持有谨慎的态度，同样在向外界表达自我的真实情绪与想法时也执着于"度"的呈现，但对感情和精神的要求却比一般民众更为细致。思量过多而又表达谨慎。第四，注重隐私与名誉。"学者""教师"的社会属性与职业特性赋予教师强烈的道德标准，"教书育人""求真务实"是教师的重要特质，也决定了教师对自身隐私尤其是名誉的极其看重与保护，较少将真实生活暴露于外，在人际交往中"适度展现"成为常见的现象。第五，文人相轻，自古而然。曹丕在《典论·论文》中说："文人相轻，自古而然。""相轻"不限于文人，各行业、各领域都存在，但"文人相轻"似乎成为典型的知识分子标签。知识分子的相轻多源于钻研、在学术上较真的品质，立场不同、角度不同所产生的学术上的分歧；但同时也有学术地位上的差异。上述的众多高知老人群体的重要特质是我们理解社区氛围清净、老人在人际交往中略显客气与疏离的关键，更是服务开展中不得不考虑的重要面向。

（二）社区情境的差异性

同一街道范围内购买同类型的社会工作服务项目，项目目标相同，但项目实践策略、聚焦主体、阶段性目标则需要基于社区内部情境的具体差异而有所调整。通常而言，社会工作机构因为过于重视购买方意见而聚焦服务指标的达成，较易忽视社区内部差异，难以结合社区的现有资源与限制性状况因时因地地制定服务策略、实施服务策略，以回应当前社区的现实需要、促进阶段性目标的实现与达成。尽管项目结项评估初步实现服务目标，但实际犹如"沙上建塔"，根基不牢、结构不清、队伍不稳、方向不明，项目成效的持续性、项目撤离后的内部发展性均无法有效保障。依据项目整体目标、结合社区实际情况，进行有效调整与有效说明，既需要社会工作者具备敏锐的专业眼光，洞察社区基础与社区资源，放弃"统一性"追求，制定契合本社区的发展思路与实践策略；还需要具备良好的沟通能力，能够将社区实况、项目理想、专业空间予以有效融合，及时、准确、高效地与项目购买方与利益相关方进行沟通与汇报，从而协助项目购买方与利益相关方及时获悉项目落地的现实差异与成效差异，科学、合理认识项目实际情况，调整项目期待。

本书以街道内的 3 个社区，即以退休职工为主的 W 社区、以退休教授为主的 Y 社区和 C 社区为例进行相关分析。正如前文所述，与退休教授的"深沉"相比；退休职工受教育水平有限、工作环境多样化且要求灵活应对，造就了以 W 社区为代表的以退休职工为主的社区内氛围活跃、社区老人年轻化且热衷于参与社区活动，且部分社区老人有 7 年以上的志愿服务经验，有着良好的社区志愿服务基础。初步组织化的社区志愿服务团队不仅是社区安保绿化、节假日值班的核心力量，还积极参与社区内部唱歌、舞蹈等文体活动，是社区内最活跃的资源与力量，因此，有计划地利用社区内部志愿服务风气，团结现有志愿服务力量、扩大志愿服务队伍，不论对社区居家养老服务事业，还是对社区整体发展都具有积极意义。以退休教授为主的 Y 社区和 C 社区，虽然居住人群相似，但在社区人口、可利用的服务资源上则呈现较大差异。Y 社区属于街道内社区居住人口最多的社区，共有 89 个楼门上千户居民，而相比较而言，C 社区则仅有居民 300 多户。但社区的小型并不意味着绝对意义上的社区管理与社区服务的简单易操作。社区老人普遍偏高龄化且多为退休教师是 2 个社区的相似之处，而在社区内部可利用资源上，Y 社区老年志愿者的资源明显比 C 社区多且更为活络、易于调动，只是现阶段该志愿者资源依然过于松散、尚未得到充分组织和调动。而 C 社区内部，老年志愿服务力量的匮乏则是不争的事实。社区内部 60 岁以上 70 岁以下的老人，在保证自身身体健康的同时，还需照顾家中 90 多岁的父母，这些年轻老人，实际上却成为最应该被关怀的群体，所以说，培育社区内部规模化的志愿服务力量并不现实。反而，结成小范围的两人或三人小型互助团体，更契合社区实际和更易被老人所接受。

我们非常熟悉居民，等于你们的专业再加上我们的经验，适合在社区搞，这个结合起来，准备就会更充分。否则，可能你做的根本不是社区需要的，或者说社区自己做，就得操心所有的事情，双方一起做就会好很多。（C社区新居委会主任w，35岁，C社区居民，基层工作经验6年）

发展社区志愿服务是基层治理的重要环节与内容，然而社区基础的不同，决定了志愿精神、志愿力量、志愿队伍、志愿服务的差异化。社区志愿服务的发展不仅依赖浓厚的社区志愿氛围，还需要发展与壮大社区志愿服务力量。当前社区志愿者队伍的成员以老年人居多，而在老龄化、高龄化突出的社区居家养老服务实践场域，志愿人才的限制性也会较为显著。当社会工作服务项目以志愿人才挖掘、志愿队伍培育为服务目标时，就必须结合具体社区的实际情况进行梳理与分析，基于社区现有资源创新志愿服务，制定差异化的发展目标，形成有专业、有特色的服务项目。社会工作机构要充分结合与尊重社区居委会的意见与反馈，信任社区居委会对于社区老年群体、社区资源状况、社区发展程度的理解与判断，如此，才能够最大化地获取基于社区的有效信息，在真实、完整的社区情境理解的基础上开展专业化服务。

第二节　重识实践主体

一　实践主体的多维特质

社区居家养老服务场域的动态发展与意义形塑也是实践主体突破偏见、重构认知、多维发展的结果。对于社区居委会与社会工作机构而言，随着场域内互动的深入，双方的角色认知与功能界定都在发生转变。实践主体突破旧有认知，即其惯习系统保持开放性、开始松动与重构。在此过程中，包含着社会工作机构与社区居委会之间的误解澄清、重新定位、开放包容与共识达成。"专业化"标签的社会工作机构与"行政化"标签的社区居委会在深度互动的过程中逐步消除刻板印象、突破单一认知维度，通过共同提供为老服务，实现"情感"层面的理解与共鸣，进而使彼此从隐性资源走向显性资源，强化社区实践场域内外的资源联合与资本建设。

（一）角色认知与重构

1. 社会工作者的硬实力与软素养

社区居委会视角的社会工作服务的专业性既包含社会工作者的个人专业能力，也包含对社会工作项目团队的整体性考量。社会工作者个人专业能力包含社会工作方案设计、方法技巧、服务成效等诸多层面，项目团队能力则体现在项目团队的管理制度、分工协作能力、目标达成程度等方面。然而在社会工作机构内部，社会工作人才流失严重、专业能力受限，在具体的社会工作服务项目层面上，体现为团队管理松散、人员流动较快、内外沟通滞后、风险评估不足等问题，进而在项目实施过程中无法体现团队整体的专业价值。在专业方法使用上，个案工作、小组工作与社区工作的三大基础方法以及服务过程中具体的模式、策略、技巧是社会工作者区别于社区工作者的重要标志，社会工作的专业价值观也在具体方法的使用过程中得以凸显。然而在具体的实践过程中，项目周期较短、时间紧张、资源缺位的现实困境阻碍了社会工作服务内容设计的进一步精细化。在社会工作专业小组活动与社区日常活动的横向对比中，专业元素逐渐遗失，服务内容流程化、服务效果浅层化。

相较于社区居委会人员构成与年龄结构的多元化和成熟化，社会工作专业团队以刚毕业大学生居多，个人阅历、社会经验均受限。

社区居家养老服务场域同时兼具工作场域与生活场域的双重属性，社会工作者所面临的不仅仅是服务过程中的专业考量，还包括来自社区居委会与社区居民对社会工作者"社会化"程度的考量。具体体现在社会工作者的待人接物、日常沟通与问题处理等方面。初入社会的年轻社会工作者往往聚焦于项目内容的完成，在与社区居委会的日常相处与对接沟通中总有疏漏，也容易留下"不靠谱"的负面印象。"积累工作经验"成为年轻社会工作者社区专业服务过程中的重点任务与发展目标，而要想实现与社区居委会的良好互动与沟通，社会工作机构则必须扭转"学生心态""项目思维"，真正认识社区居家养老服务场域的复杂性与场域内实践主体评判标准的多维性，如此才能构建平等的对话机会、获取充分的资源支持。

> 你不是买了东西放在我们社区居委会了，你们的工作人员推开门就直接进来了，然后直接去隔壁屋放东西的地方准备材料，没有跟我们任何人打交道，就直接过去翻东西了。我本来以为是居委会其他工作人员进来了，也没注意，但是过了一会儿还在翻东西，然后我就过去看了下，发现不认识，然后问她们是不是社工机构的，她们才说是。你说来到我们这之后，到别人家，不得先打个招呼，说明来意，然后人家也知道怎么帮你，或者允许你翻来翻去。这是最基本的生活常识、礼貌问题啊，咋都不知道呢？你说又不是小孩子，都长这么大了！（C社区新居委会主任 w，35 岁，C社区居民，基层工作经验 6 年）

因此，社区居家养老服务场域的专业服务提供，社会工作机构既要有专业考量，也要有现实考量；既要顾及个体专业形象，也要维护团队整体形象。只有尽可能地呈现整体的、全面的、综合的职业素养，才能赢得社区居委会与社区老年居民的尊重与信任。在中国日常社会中，个人地位的建构基础是个人权威、道德品质、礼尚往来、连带关系，从而表现出交往的个别化倾向。[①] 社会组织自身应增强运作和行为的规范性，提高自律水平和合作水平。[②] 项目主管、项目督导与项目执行应实现清晰规划、合理分工，从服务策划、外部沟通、服务开展、服务复盘等诸多环节凸显团队素养与专业力量。在与社区居委会的对接工作中，最大限度地争取社区居委会的工作支持，包括意见征求、信息提供、资源共享、人员支持等内容，以专业服务为桥梁，回应社区特定需求，完成社区发展任务，构筑深层次的信任基础。

2. 社区居委会的角色优势与角色发展

在社区居家养老服务场域，相较于外来的社会工作机构，社区居委会具有天然的在地角色优势。日积月累的日常相处使得社区居委会对社区老年居民的个人情况、家庭状况、生活习性、日常活动与支持系统有着基础了解。社区独居与空巢老人的求助惯习也决定了社区居委会是社区居民的核心依赖与求助首选。社会工作机构入驻初期，社区居委会作为重要的引荐方，凭借其资源优势，是社会工作机构接触与扩大老年服务对象的重要合作者。社会工作机构需要充分辨识社区居家养老服务场域内部不同实践主体的资源类型与强弱程度，谋求合作机会，协助自身从初期结构劣势向平等地位过渡。与此同时，社区居委会也是社会工作服务开展的重要监督方。作为"社区重要的代言人"，保障社区居民的合法权益不受侵犯是社区居委会的重要职责之一。在社会工作机构与社区居委会、与社区居民尚未建

---

① 翟学伟：《个人地位：一个概念及其分析架构——中国日常社会的真实建构》，《中国社会科学》1999 年第 4 期，第 194～195 页。

② 文军：《中国社会组织发展的角色困境及其出路》，《江苏行政学院学报》2012 年第 1 期，第 57～61、67 页。

立深度信任关系的情境下，社区居委会往往采取倾听老年居民真实反馈、监督社会工作机构的服务内容等方法了解社会工作机构的专业性与服务的有效性。服务监督者的角色定位尽管会引发社会工作机构的内在不适，但结合社区居家养老服务场域的发展历史与场域特征，社会工作机构必须调整其实践心态与惯习系统，形成更加契合场域特质的实践策略。

社区居委会从服务监督方向服务合作方的身份转变意味着社会工作机构与社区居委会间信任关系的建立，双方从观望状态走向协助状态、从对抗关系走向合作关系。社区居委会的角色转型与发展需要社会工作机构的积极行动，也需要社区居委会的实践反思。相较于社会工作机构围绕特定群体开展专业化服务，在社区居家养老服务场域中社区居委会所面临的是错综复杂、盘根错节、环环相扣的社区问题与需求，这就决定了社区居委会需要借助外来力量、参与社区事务、推进社区养老。社区居委会的实践反思包含解析社会工作机构的专业优势、团队优势，以及社会工作服务项目与社区发展的内在关联，从而寻找双方合作的突破口。社会工作机构也要充分结合社区实际需要，挖掘项目意义、凸显专业优势。只有突破双方身份与角色的单一、负面认知，拓宽彼此的角色属性，社会工作机构与社区居委会才能打破冷漠疏离的割裂局面。

（二）情感投入与情感共鸣

1. 情感投入

作为一种道德实践，社会工作者与服务对象的专业关系兼具工具性与情感性的双重特征，旨在基于信任的专业关系协助服务对象解决问题、满足需求与完善其社会功能。"同理心"在服务过程中被作为重要的价值理念与实践技巧，促进社会工作者对服务对象问题情境的深度涉入与理解。在基于专业服务项目的社区居家养老服务提供过程中，社会工作机构与社区老人需要建立关系与构筑信任。建立情感连接既是专业服务提供的成效与结果，也是服务提供过程中的方法与工具。社会工作者需要充分把握社区居家养老服务场域本土属性、文化属性、生活属性强的特征，了解社区老人信任逻辑，尊重社区老人的求助惯习，深刻意识到情感信任在专业关系建立过程中的地位与作用，即情感信任有助于增进专业信任，进而稳固专业关系。与此同时，社会工作者也应当保持高度的专业敏感性，在关系建立与情感发展中寻找平衡点。社会工作者应充分了解社区老年人的群体特征，尤其是家庭关系状况与支持网络状况，评估老人社会支持网络强弱状况，制定合适的服务策略从而有效预防移情风险。

> 做工作你是不是用心，效果明显是不一样的。你就像有的志愿者来了几次之后说，不知道和老人聊些什么。就随便聊生活啊，平时你对你奶奶是怎么关心的，你就怎么尝试着去关心老人啊，把他们当爷爷奶奶看待，比如说你知道了老人是几月几日生日，生日那天你发条祝福短信也行啊。如果你纯粹把这个当个工作、当个任务去做，那是很难做好的。(C社区新居委会主任w，35岁，C社区居民，基层工作经验6年)

社区居委会的在地化与社区养老服务提供的常态化为社区工作者与社区老人的情感关系建立提供了重要的现实根基。社区居委会不仅负责日常性社区事务的处理，必要时刻更需深入社区居民的私人生活领域，如救急救难等突发问题处理等，由此也建立了社区居民与社区居委会的深度信任与情感关系。尤其是针对社区独居与空巢老人，社区居委会建立了定期电话问候与上门探访的工作机制，这种特殊照顾与情感关怀让本就缺乏情感抚慰与心理寄托的社区老人备受感动。在老年群体的认知观念里，社区居委会工作人员往往是工作身份与个人身份的交织重叠，对其产生的信任也是双重的、深厚的与不可替代的。"自己家里也有老人"常常是社区居委会工作人员挂在嘴边的话，这种话语表述背后所折射的是社区工作者对工作场域与生活场域的天然性联结与模糊化处理。社区居委会的情感投入与社会工作者的情感联结具有较大的相似性，这种情感关系有助于建立信任关系、助推服务开展，切实帮助社区老人解决生活问题、满足心理需求，但社区居委会的始终"在场"在很大程度上决定了其与社区老人情感关系的深度与持久度要更甚于社会工作机构，社会工作服务项目的阶段性与专业性特征也决定了社会工作者情感投入的有限性、短暂性与可抽离性。这也是为什么在社区居家养老服务场域中，老年社会工作尤其是城市社会工作开展的成效好坏直接受制于社区认同与否。①

2. 情感共鸣

社区居家养老服务是一项需要多元主体参与、多样资源融合的系统工程。就社区老人而言，其所面临的养老问题与养老需求涉及面广、关联性强，长期性与复杂性尤为突出。既有老年人个体层面的身体问题、心理问题、经济问题、职业问题，又有家庭层面的关系问题、情感问题、照料问题，还涉及社区层面的邻里问题与公共问题等，这就对社区居家养老的参与主体与服务资源提出了较高的要求。就参与主体而言，政府、家庭、社区、市场、社会缺一不可，养老服务事业的发展既需要政府的规划引领与政策支持，也需要家庭托底，提供最为体贴入微的照料，还需要社区的支持性服务以及来自其他

---

① 赵一红：《我国本土化老年社会工作的发展路径研究》，《社会科学辑刊》2016年第1期，第43~47页。

社会与市场主体的专业性服务。就服务内容而言，涉及老年人的日常生活服务、心理健康服务、互助网络建设、休闲娱乐服务等内容，这就要求差异化的服务提供模式，注重养老服务在类别、层次、内容、要求上的不同。就服务资源而言，社区养老问题的复杂性决定了服务资源需要具备丰富性、开放性、可及性等特点，差异化的服务内容需要不同层面的资金支持、场地支持、人力支持、专业支持、技术支持等，资源类型要求较多、资源衔接要求紧密，以应对社区老年群体多样化的养老服务需求。社会工作专业权威建构的过程是社工机构回应服务对象服务需求、回应员工发展需求以及缓解政府等外部团体压力的过程。①

无论是社工机构还是社区居委会，都难以完全满足社区居家养老多样化与深层次的服务需求，双方均存在主客观意义上的有限性。社会工作者始终秉持以服务对象为核心的实践理念，其背后所隐含的深层含义是服务对象是改变的源头与主体，社会工作者只能以服务对象的陪伴者、支持者、协助者、引导者等角色和身份存在，改变的过程与结果更为依赖服务对象自身的力量及其支持网络的强弱程度。情境因素、个人因素、问题因素共同决定了社会工作者的服务有限性。其中包括服务对象自身的参与程度、服务对象家庭成员及其他重要他人的参与积极性、问题本身的难度与复杂程度、社会工作者的能力等。而对于社区居委会而言，长期的管理与服务基础使得社区居委会既通晓养老难题破解的关键环节与核心要素，又深知社区老人特定问题与需求的积重难返。由于"清官难断家务事"的深刻认知，棘手问题面前社区居委会往往选择回归行政属性、居于管理者的角色，重要的政策落实、特定的资源链接、紧急的危机处

---

① 张超：《身份焦虑：社会工作机构的合法性困境及其突破》，《社会工作》2017 年第 1 期，第 73~80 页。

理、日常的生活协助等服务内容可以得到有效保障，但在社区居家养老服务场域的复杂议题上则面临着服务能力与服务深度的双重挑战。这种关于有限性的认识激发了社区居委会与社会工作者共同的场域认知与情感共鸣，也进一步加深了彼此推进合作的意愿倾向与认同。

二　实践主体的惯习发展

1. 主场意识的弱化

在社区居家养老服务场域，社区居委会的主场意识主要基于整体层面上的社区日常管理与服务工作。面对不同类型的社区居民、差异化的服务需求、多样化的社区事务，社区居委会需要全盘考虑、整体衡量、分析对比、前后推敲，以实现维护居民利益、降低内外风险、增进居民福祉的发展目标。在传统的社区管理与服务过程中，社会与市场力量参与较少，社区居委会往往需要齐头并进、一角多用、面面俱到，深度涉入社区公共事务与居民私人生活。社会工作机构以政府购买服务的形式进入社区开展服务，增进了社区居家养老服务场域实践主体的多元化、服务内容的丰富性与专业化，在一定程度上改变了社区居家养老服务场域的格局，场域游戏规则无形中也发生了改变。尤其在社会工作机构与社区居委会信任关系建立初期或矛盾激化期，社会工作机构尝试在社区居家养老服务场域拓展服务对象、获得场域认同、提高场域地位，较易引发社区居委会的场域危机感，进而采取被动、消极的实践策略。而当二者在互动过程中逐渐对社区居家养老服务场域形成共同的场域认知，深知社区居家养老服务场域的核心主体与服务对象为社区老人，场域本身复杂性与不稳定性兼而有之，老年人问题与需求千差万别，社区条件与资源先天不足，自身能力有限亦常常力不从心，由此引发的情感共鸣促使二者的关系类型从陌生、疏离转向平等、共情、合作。社区居家养老服务场域不再是社区居委会的服务"主场",而是需要更多的社会力量与市场力量共同参与社区为老服务,满足老年人多样化的服务需求。

2. 服务意识的增强

尽管相关政策的具体落实与社区事务的日常管理成为社区居委会的主要工作内容,但为社区特殊、困难群体提供帮扶照顾依然是社区居委会的重要职责所在。伴随着家庭小型化、家庭功能弱化、独居和空巢现象普遍化等问题,社区居家养老更需要社区层面的有效支持与协助。在日常服务中,社区居委会在独居、空巢老人救危救急、社区老年社会组织发展方面服务落实较多、服务成效较好。在实践过程中也逐渐摸索出"服务好情感就好、服务好就能配合好"的良好经验,要想拥有积极、和谐的社区氛围,就必须通过实实在在的贴心服务打动居民、建立信任、强化关系。社会工作机构的场域融入带来了专业社会工作的价值理念与服务方法,在日常互动中,也无形中影响着社区居委会的工作心态与工作方法,思考着管理与服务的关系以及日常工作中的服务意识与服务策略问题。尤其在面对家庭矛盾、邻里纠纷、居民投诉等特殊问题时,问题解决与居民心理安抚同等重要,"人在情境中"的社会工作理念运用有助于社区居委会保持同理心面对服务对象,理性客观看待具体情境问题、梳理问题脉络、寻求解决策略。在服务内容与服务范围的拓展上,社区志愿组织、互助网络的搭建则有助于通过扩大社区老人的支持系统、减轻社区居委会的工作负担、强化老年群体的内在联系。这些都需要社区居委会从行政思维向服务意识转变与强化,继而增强社区工作开展的系统性、科学性与创新性。

3. 生活意识的唤回

社区居家养老服务场域平凡真实、贴近民生的基层属性是社会工作实践本土化最有力、最适切、最彻底的现实空间。专业社会工作从西方走进东方、从理论走向实践、从课本走向生活需要深深扎根中国大地、深入居民生活。这就要求社会工作者抛弃一种学术场域塑造出来的无意识的专业支配关系，[①] 不仅需要以专业身份出现，更需要以鲜活的个体身份出现在社区居家养老服务场域中，去体验、经历与融入。社会工作专业理论知识与方法技巧的具体运用需要社会工作者在服务对象的问题情境、社区发展的具体需要中找到落地空间，也需要社会工作者在实际的互动过程中透过现实问题反思专业理论与方法的具体应用问题，在不同情境下思考理论适用与否、适用阶段、方法技巧的应用时机和应用策略等问题。在具体的实践过程中，社会工作者往往容易走向"脱离专业"解决问题的境遇，究其原因在于前期社会工作教育过程中的本土化特征较弱，后期实践过程中继续学习与专业督导的不充分，这就导致社会工作者在具体实践中呈现理论性回溯较少、本土实践性知识生产不足、基于本土的实务经验总结不够最终呈现专业与现实相分离的现象。这种境遇不仅会带来社会工作者的专业烦恼，面临着专业与现实、东方与西方的两极拉扯，也会引发实践场域中来自购买方、合作方、服务对象的专业质疑，降低服务成效。中国情境下社会工作的发展要求社会工作者必须将专业所学置于具体的现实情境与人民群众中，在本土情境中辨析需求层次与需求类别，匹配恰当的专业方法与策略。从社区老人日常的言语表述、行为表现、心理特征上做出专业评估，从老人的日常生活中提炼内外资源，梳理老人的社会网络，强化老人的社会支持系统。

---

① 郭伟和：《迈向反身性实践的社会工作实务理论——当前社会工作理论界的若干争论及其超越》，《学海》2018 年第 1 期，第 125~133 页。

第三节　调整实践策略

一　畅通沟通机制

1. 调整沟通方式

年轻社会工作者的社会阅历、机构与社区之间的物理距离、社会工作者的专业化思维与项目理解都会影响社会工作者与社区居委会的沟通态度、沟通方式与沟通成效。项目购买成功仅仅是项目落地的第一步，远不能确保未来的项目服务成效。在服务购买过程中，尤其是市级、区级、街道层面的服务购买，社会工作机构仅仅与购买方建立了基于双方信任与专业期待的合作关系，在社区层面，无论是面对作为重要利益相关方的社区居委会还是社区居民，社会工作者均需要重新展开接触、熟悉彼此、建立信任关系。社会工作机构只有充分认识社区居委会的重要角色与地位、社区居民的独特与多样、社区问题的复杂与困难，才能做好心理建设、做足充分的专业准备，开展社区为老服务工作。然而在实际层面，初出茅庐、尚且稚嫩的年轻社工在面对复杂的社区实践场域时，往往思维视野过于狭窄，行动视野聚焦在项目内部、思维视角局限于专业本身，无法透过项目看基层、透过群体看网络、透过合作看系统，因而也容易忽视与社区居委会构建信任与合作关系，紧抓为社区居民提供精准服务的现实契机。这些问题均体现在与社区居委会的日常互动中，包括如何称谓、如何沟通、如何确立重要事项、如何展开有效合作，甚至包括如何化解信任危机。

> 我们和居委会之间一般是通过微信和电话沟通的。因为我们机构和居委会之间距离太远了，我来一趟社区光坐地铁都得3个小时，要是能在电话里说清楚就直接在电话里说了，我们提前

就把该准备的准备好，到开活动那天再过来。（"以小助老"志愿团队项目后期负责人 w，24 岁，社会工作硕士研究生在读，社工实践经验 1 年）

我们建议社会工作机构以后和我们沟通的时候，能够当面沟通最好，要是电话或者微信和我们联系，说完了最好能再给我们发一封邮件确认一下，这样咱们更正式一点。咱们都把它当回事，主要是因为社区居委会的事太多了，有时候稍不注意就忘记了哪天安排有活动。（Y 社区居委会工作人员 c，30 岁，基层工作经验 3 年）

上述两则访谈节选说明了社会工作机构与社区居委会关于服务开展的不同期待。社会工作机构人手受限、物理距离较远、对社区情境的浅层分析影响了社会工作者的沟通决策，节约成本的考量固然重要，但要想保障良好的服务成效，则必须综合考虑社区的真实需求与社区居委会的服务期待。当面沟通有效避免了信息交流过程中的模糊性、滞后性与不确定性，能够基于现场沟通情况及时调整服务计划、更新服务内容、加强服务细节、增进彼此信任。信任是对对方的诚实、正直、可靠性、能力抱有信心。[①] "能够看得见对方的诚意"这一沟通期待突出了社区居委会的工作风格与项目态度，因此为了与社区居委会形成稳固的、健康的信任纽带与合作关系，社会工作服务机构有必要充分尊重社区居委会的社区地位、考虑社区居委会的沟通期待、理解社区居委会的合作顾虑，如此，才能够收获社区居委

---

① Dawes, S., and Eglenen, O., "New Models of Collaboration for Delivering Government Services: A Dynamic Model Drawn from Multi-National Research." ACM International Conference Proceeding Series. Digital Government Society of North America, 2004, p. 262.

会的基本信任、提供扎实的专业服务。

2. 明确沟通细则

社会工作服务项目目标的实现需要不同阶段服务计划的有效落实，即使针对同一群体的社区老年居民，也需要结合老年居民需求的动态变化、项目的行进阶段进行精细化规划与具体化落实。无论是针对社区老年人的个案服务计划还是小组活动策划，以及不同服务节点的计划修改，社会工作机构都有必要与社区居委会做充分的讨论与沟通，使其知晓，获取其建议。每次服务活动前期，社会工作机构应提前以邮件或其他形式将活动策划方案发至社区居委会，与此同时，应尽可能当面与社区居委会进行沟通，使得社区居委会在服务活动开展前期获悉社会工作机构开展此次服务的价值与意义、期待实现的目标、具体的服务流程等内容。在社会工作服务计划实施过程中，应尽量避免将社区居委会置于完全被动、不知详情的尴尬局面，这样既不利于社会工作机构与社区居委会良好合作关系的保持，也不利于社会工作机构社区服务提供的可持续性。因此，事前沟通、以示尊重既是社区居委会较为看重的合作要点，也是社会工作机构社区服务顺利推进的重要保障，社会工作机构在服务开展过程中应具有充分的场域意识与合作精神，创造积极和谐的实践情境。

我觉得居委会和社工机构关键就是要沟通得良好和及时，不要光谈项目，还要谈细节，双方都配合好，比如说居委会负责什么，社工机构负责什么，场地、人员、材料、方案等都做好沟通。社会工作机构要开展什么活动，居委会风险评估完，觉得可做那双方就一起做。（Y 社区新居委会主任1，40 岁，基层工作经验 6 年）

　　社会工作机构需要与社区居委会沟通具体节次的服务计划，以实现精细化的服务落地的原因在于，社会工作服务项目目标的实现有赖于阶段性服务内容的有效开展和阶段性服务目标的达成。而阶段性服务内容的有效开展依然需要基于社区的整体性思维，即考虑到社区居家养老服务与基层社区治理的关系、社区居委会对服务对象的长久认识与服务经验、专业社会工作服务项目与社区居家养老服务的关系等现实核心议题。这就要求社会工作服务必须与社区居委会工作紧密结合、有效配合，在服务推进过程中，实现有效的治理创新与服务递送。关于项目实施过程中具体节次的服务沟通，有助于促进社区居委会与社会工作机构关系的成熟化发展、社会工作服务内容与现实社区治理与服务的有效契合。比如社区老年志愿服务队伍的规范化建设与发展、社区志愿服务组织向社区公益组织的有效转化等内容，社区居委会通过知晓社会工作机构的项目计划、节次目标、实施策略、工作方法、资源条件等内容，能够充分将社会工作的服务计划与社区发展规划结合起来，发现社区问题与社区需求，并且结合社区自身发展目标，与社会工作机构实现深度沟通，协商如何充分基于社区基础、挖掘社区资源、织密社区网络。

　　除此之外，社会工作机构与社区居委会的精细化沟通也有助于做出更为完善的风险评估与预防准备工作。社区居委会熟知居民状况与社区概况，能够结合既往服务经验，针对社会工作的具体服务计划进行可行性分析，同时针对服务本身的适切性以及服务过程中可能出现的问题或状况提出建议，以供社会工作机构参考借鉴，避免居民矛盾、保证服务成效。对于存在矛盾与纠纷的部分老年居民，社会工作者应当合理安排，避免矛盾的激化，保证服务过程的公平、公开、公正，牢记开展社区服务活动增进居民福祉的重要目标，结合老年群体的特点，促进老年居民在社区内部老有所养、老有所为、老有所乐。在具体服务开展上，社区居委会与社会工作机构达成合作共识，明确双方的责任分工，确定需要社区居委会工作人员配合的阶段、内容与目标，以及是否需要社区场地支持等，从而使社区居委会对社会工作服务活动的目标、流程、内容、风险、成效有全面了解。

服务活动结束之后，社会工作机构要有基本的复盘意识。一方面，在项目执行内部，通过畅所欲言，开放式探讨服务开展过程中理念贯彻、方法技巧等方面存在的问题，反思作为社会工作者，是否充分体现了社会工作专业价值；另一方面，联合社区居委会现场参与人员进行集体反思与讨论，沟通双方在服务开展过程中的配合状况、不足之处、忽略的问题与改进方向，凸显社会工作机构对每次服务活动及其服务成效的高度重视，对双方合作关系以及社区居委会的充分尊重，以及对社区老年居民、社区未来发展的有效负责。只有通过项目内部会议、联席会议的充分沟通与探讨，才能获取有关服务开展过程中的问题及服务成效的真实反馈，双方才能在观点的碰撞与交流中收获彼此诚意、审视自身不足、建立共赢关系、共同服务居民。而服务结束则直接退场的实践行为，不仅会给购买方、社区居委会、社区居民留下不成熟、不专业、不规范的形象认知，也会错失双方增进信任、共同成长的发展空间。因此，社会工作者要充分发挥自身主观能动性，引导社区居委会参与项目实施过程，知悉项目进展情况，做社会工作机构的最佳合作伙伴。

二　回应现实情境

1. 身份融合与语言转换

实践教育的匮乏一直是本土社会工作教育的短板，也造成了社会工作者专业身份理解与定位的悬浮状态。社会工作的专业教学主要包含社会工作的历史发展脉络、理论方法策略以及一般服务流程，基于本土的理论知识与方法体系尚未得到有效提炼与总结，根植于社会工作者心中的依然是课本导向的专业知识，本土的、经验的实践知识与智慧较为匮乏。尽管专业实践是社会工作培育过程中的重要组成部分，但实践时长往往较短、实践方式较为单一、实践督导流于形式、实践实效难以保障，社会工作教育过程中的实践素养培养环节依然较为薄弱。在社会工作机构内部，项目资金短缺、社工招聘困难、人才流失严重、专业水平不足等现实问题，进一步限制了社会工作机构继续教育和内外督导的投资建设，社会工作者更多依赖自学。学校教育到继续教育的断档不仅延缓了社会工作者的成长步伐，也无形中延续了社会工作者的专业惯习与身份意识，即社会工作的专业与职业形象根植于社会工作者心中，实践性思维的匮乏始终存在。而对于深入社区居家养老服务场域的社会工作者而言，其所面对的职业场景是专业情境、生活情境、工作情境的重叠与融合。过于注重专业形象与身份在某种程度上反而会限制社会工作者对服务对象个人、生活、情感的共情和理解，身处生活情境的社会工作者更需要本土意识、生活角色、日常身份的回归，从生活视角理解服务对象的真实处境与情感需求，以及适用于服务对象、可被服务对象接纳的服务方式与策略；进一步从专业视角解析使服务对象陷入困境的问题的根源以及理论阐释的维度，结合服务对象面临的核心问题与迫切需求，设计可能的干预策略与服务方案。这个过程需要社会工作者真正保持谦卑的心态与信念，这是社会工作者重要的实践素养之一。

　　社会工作者需要意识到，专业学习、个人成长、服务开展与服务对象个体或群体问题与需求的发生同属一片场域，在专业社会工作者的身份形象树立之前，自身更为基础和本真的角色乃是普通老百姓中的一员。社会工作者应当从自身所处的文化历史脉络、政治制度环境、个体人生阅历与社会化经历中了解社区老年居民的养老现状、问题需求与服务资源，社区居委会的工作原则、工作方法与工作目标，以及购买方的购买初衷、项目期待与验收标准。这个过程包含社会工作者在身份上的开放与回归，社会工作者基于个体生活经验、阅历等早期社会化经历主动融入当前实践情境。其中的一个重要转变即语言表达习惯与方式的转变。在具体实践过程中，社会工作者常见的专业教育"后遗症"包括"不接地气""说的话老百姓听不懂"等，这里的"听不懂"并非真正或完全意义上的不理解，而是双方语言情境上的错位与融合障碍。社会工作教育过程中所形成的专业惯习，影响了社会工作者思考问题、解决问题以及言语表述的方式。"支持网络""社会融入""高自尊""自我分化水平""赋能"等专业词不仅停留在社会工作者解决问题的思维里，也会在无形中流露在与社区居委会甚至服务对象的交流对话中。社区居委会长期工作在基层、服务在一线，深知社区老年人的思维、语言以及行为习惯，明白在日常工作中必须灵活调整自身、适应居民习惯，才能获取信任、有效解决问题。社区居委会深谙"脱离群众"的严重性与危害性，所以"与居民打成一片"也是社区居委会重要的工作策略与服务目标。因此，对于社会工作者而言，要在实现身份上的融合与回归的同时，调整、转变语言体系，将社会工作如何理解生活世界、社会工作如何增进人民福祉以百姓听得懂、好理解、好运用的方式传达出来。社会工作者需明白社会工作所发挥的是桥梁作用，明确社会工作专业是随着社会问题而产生的。只有不断提升社会工作者的实践素养，才能在具体的问题情境中发掘专业效能的落地空间、才能真正意义上有助于人民。

2. 情境思维与专业思维

项目的周期性特征限制了社会工作专业服务提供与效能发挥的时间边界。社会工作者需要在固定的时间阶段达成特定的服务效果。

问题的复杂性以及社会工作专业服务的柔性化特征往往模糊了实现服务效果的现实时间。因而项目制的服务形式可能在一定程度上加剧社会工作者的恐慌感与焦灼感。专业思维逐渐被项目思维所替代，效能实现逐渐被指标完成所替代。因此，无论是基于社会工作机构与社会工作者的长远发展，还是基于对购买方的负责态度、对服务对象需求的满足，以及双方的服务诚信，社会工作者都需要基于服务项目培养情境思维、强化专业思维。

培养情境思维意味着社会工作专业的落地、对现实的回应。在项目情境下，社会工作者面对的不仅仅是服务对象，还涉及服务购买方、服务合作方、与直接服务对象紧密相关的其他间接服务群体以及其他利益相关主体。与此同时，直接的服务形式并不能时时奏效，也不能完全解决服务对象的群体性问题与个体性问题。面对服务对象的问题解决与需求满足，需要培养以社会工作价值观为指引、社会工作服务方案为蓝图、社会工作者为核心力量、多方主体统筹协作为重要桥梁的情境思维，将服务对象及其所面临的问题从"个体情境"中"拔出来"，置于"群体情境"、"项目情境"与"资源情境"中去考虑。社会工作者需要意识到服务对象问题的形成和需求的衍生与社会情境的变化以及互动密不可分，因而也必须回归情境去解决问题。对于选择居家养老的社区老年居民而言，养老问题的解决必然要以社区情境为基础、以社区内外资源为支撑，情境意识有助于社会工作者利用社会工作服务项目重整社区老年居民的社会支持网络与社会资源网络，及时发现资源漏洞与资源薄弱之处，通过网络搭建、资源传递实现资源积累与资源优化，最终满足社区老年居民多样化的发展需求。

以独居、空巢老人的精神慰藉服务为例，情感失落、孤独寂寞、伤感无力、悲观消极是其最为常见的情绪与心理特征。社会角色的调整或中断使老年人不得不重新自我调适、开始新的人生阶段,独居、空巢的家庭结构与现状又进一步加剧了老年人晚年适应的挑战与困难。家庭内部支持性网络与资源的脆弱与匮乏决定了老年人获取情感支持与心理抚慰的渠道、频率、质量,相较于普通老年人都更为稀少与薄弱,这也决定了基于老年人的日常生活情境,尤其是社区居家情境,扩大独居和空巢老人社会支持网络、提升其获取社会支持网络便捷程度与支持效能的重要性。社会工作者要具备情境思维,以项目为桥梁,基于情境发挥专业性力量、挖掘情境主体性力量从而创设与凝聚情境资源,而非一味地以项目为核心、以社会工作者为主体、以项目指标为目标服务独居、空巢老人。社会工作者要善于开拓与发现社区居家养老服务场域的精英力量与潜在力量,通过赋能支持与服务培训推动隐性资源向显性资源转化,凸显其在地优势与功能价值。在此过程中,社会工作者始终要明确基于情境开展项目、基于情境挖掘资源、基于情境彰显专业的服务理念,确保项目运营结束社会工作的服务效能与社区老人的支持网络可以延续和深入。

强化专业思维意味着项目管理的规范化与专业实践的本土化二者之间的有机结合。项目思维占据高位往往意味着专业思维与现实思维的弱化,专业思维始终占据高位在特定情境下则又有可能阻碍项目执行、忽视现实情境。强化专业思维既不意味着脱离项目谈服务,也不意味着超脱现实做实践;而是在项目执行过程中既体现项目管理的系统化、规范化与标准化,又体现服务实践的本土化、专业化与灵活性。项目管理的规范化包括人力资源、服务过程、档案资料、财务管理、风险防范等诸多方面的有效筹措与执行,尤其是服务过程中服务目标的达成、服务任务的完成、服务成效的体现,需要充实、丰富、完备的过程性资料支撑。项目团队的规范化管理不仅需要考虑团队成员的数量与资质，还需要考虑分工的合理性、团队人员的流失率、工作推进的持续性以及工作交接的规范性，这些软性的、细节的项目管理要点往往容易被忽视，却能直接影响社会工作服务项目的专业服务效能与服务满意度。社会工作服务项目重点依赖专业的社会工作者团队，项目蓝图设计、项目方案执行、项目策略调整都离不开社会工作者的专业敏锐性与洞察力。将源于西方的社会工作理论与方法本土化，并且自然地融入社区居家养老服务情境，需要社会工作者具有高度的专业素养和创新能力。社会工作者既需要熟知基础的专业操作流程、合理的理论依据与支撑、情境化的服务方法与技巧，还需了解本土情境的文化特质、制度结构与人群特征，将所听所学的知识理论与现实情境相结合，创新设计、交叉使用、灵活调整专业社会工作的方法、策略与技巧。必要情况下，需将社会工作专业理论、方法和技巧，与中华优秀传统文化、民间智慧、本土经验相结合，时代性、创新性地融于社会工作服务项目，服务社区老年居民。

第四节　化解制约关系

一　瞄准合作契机

1. 辨识实践基础

社会工作机构与社区居委会良好关系的营造需要契合双方的需求、提供有力的资源支撑。在社区居家养老服务场域中，社区居委会始终具有主场优势，社会工作机构更多依赖社区居委会的地位与资源开展服务活动、增加服务受众与拓宽服务内容形式，其资源优势在服务初期并不突出。如何突出社会工作机构在社区居家养老服务场域的专业优势，则需要结合场域实际，主要包括社区类型与资源、社区居民问题与需求，辨识社会工作的专业资源与优势的可落脚空间。

以 Y 街道校内社区为例，第一，从地理位置上来讲，校内社区位于大学校园内部，至今仍存在是否将居民楼拆迁改建的争议。因居民楼一直未能安装电梯，为了生活的便利，有老人选择搬出大学校内社区在外居住，也有部分公寓改建为外来教授的临时居住公寓，但仍有大部分社区居民不愿离开熟悉的居住环境与工作环境，在校内社区居住。第二，从社区居民特点上来讲，校内社区常住居民全为大学退休教授，且年事已高，几乎所有家庭都面临着子女国外居住或外地工作，探望频次十分有限的问题，虽有部分家庭聘请保姆协助照顾，但多数家庭老人主要依靠自身或与老伴相互照顾。可以看出，在日常生活与居家安全方面，校内社区老人存在紧迫的服务支持与协助需求，无论协助来自政府、社区内部，还是来自外部社会力量。社会工作机构可在社区内部开展服务也是基于社区所存在的强烈的现实需求。"我们居委会就这么几个人，虽然校内社区老人跟其他社区比并不多，但是单靠我们几个人去负责这么多老人，也是忙不过来的。平时光街道各个科室的工作都忙不过来了，哪还有多余的精力去照顾每家每户？我们这也是周一到周五上班，那要是半夜有个事，我们也顾不上。"（校内社区居委会主任 m，2019 年换届后的唯一一个在任老主任，基层工作经验 9 年）第三，从实践基础上来讲，尽管校内社区内部存在大量需要被照顾的老人，但基于多年的社区工作经验以及对社区居民的了解，社会居委会主任也将被照顾的老人进行了分层和分类，而社区内部也有身体状况允许且主动承担照顾其他老人工作的老年志愿者。

我们 2017 年就成立了"一帮一"结对服务，就是希望对门的，或者上下楼，或者关系比较好的老人能够结成对子，互帮互助。比方说，有位老师好几天没出门了，那跟他结对的老师可能就比我们更早注意到了，跟我们一汇报，我们就赶紧上门瞧瞧去。有居民帮忙比我们自己做容易多了。居民也就是大家内部、邻里之间互帮互助。但是我们的志愿者也是老人，甚至是独居的、空巢的老人，他们只不过是身体相对好点，就不求回报地照顾其他老人。我们到年底，一定会搞个志愿者表彰会，总结总结今年的工作，让各位老师站起来说说，这说明人家的工作你都看到眼里、记到心里了，虽然是个小小的表彰会，但作用还是非常大的。（校内社区居委会主任 m，2019 年换届后的唯一一个在任老主任，基层工作经验 9 年）

通过与社区居委会主任的交流发现，尽管养老任务繁重且艰巨，但多数社区依然最大限度地挖掘在地资源、发挥志愿者力量，与社区居委会的日常行政与服务工作形成互补。但不可否认的是，老龄社区的养老资源毕竟有限，需要注入更多的外部专业力量协助社区居委会开展日常工作，提供其不能做、不好做、做不好的服务。社会工作者要充分利用社区参观、调研、访谈的机会，尽可能多地获取有关社区居家养老服务状况的真实信息，寻找专业落地空间。这些空间包含老年人生活照料、心理关怀、助医助行、社会交往等服务内容，以及个案服务、小组服务、网络搭建、组织孵化等服务形式，解决以往社区养老服务中服务难到家、难深入、难持续等现实问题。

2. 凸显资源优势

政府购买社会工作服务落地于社区居家养老服务场域，一方面为社区养老服务提供了专业性的服务资源，另一方面通过项目化的服务形式，为社区养老服务事业汇聚了多方力量与资源，提供了重要的资金支持，极大地缓解了社区居委会为老服务过程中人手不够、资金不足、创意匮乏的现实困境。在日常社区为老服务活动组织方面，社区居委会往往面临项目申请阶段的各种困难，并未受过专业化训练的社区居干需要绞尽脑汁、力求规范，在项目审批阶段又需要层层上报、严格审查，资金批获难、总量少、周期长，特殊情况下还需提前垫付活动资金。这也导致部分社区居委会在社区服务方面面临有想法却难实施的局面。社会工作机构的加入为社区居委会的服务计划提供了落脚点，借助社会工作机构的项目资金，双方通过合作、活动联办，共同谋划社区为老服务方案，切实依据社区老年人的需求与期待，开展老年人喜闻乐见的服务活动。

尤其是在活动组织方面，项目书的撰写是社会工作教育过程中的重要板块与内容。社会工作者必须基于前期社区调研，以服务对象为核心，设计满足服务对象需求，契合服务对象特征与发展阶段的服务方案，同时还需注意方案执行过程中的风险防范与管理。条件允许的情况下还需针对特定群体开展一系列贯穿的、目标明确的小组服务活动，借助团体的力量来帮助特定类型的老年人满足其共性发展需求，同时鼓励老年人走出家门、拓展社会交往范围。如何突出单次服务活动的鲜明主题、如何确保单次服务活动的丰富与完整，以及如何确保活动节次间的内在关联与层层递进，这些需要活动巧思的部分恰恰体现了社会工作的专业价值，能够全面地、精细地、系统地围绕服务对象及其生活开展服务活动，更加体现了在基层治理与服务过程中，社会工作机构作为社区居委会重要合作伙伴和日常事务好帮手的角色形象。

以"社区邻里节"为例，2019年10月26日，由北京市委社会工委、市民政局负责组织统筹，市委组织部、市委宣传部、市妇联等13个部门联合主办，围绕"以邻为伴，幸福社区"主题的北京市首届"社区邻里节"拉开帷幕，与此同时全市共有3213个社区开展社区内部的"邻里节"服务活动,范围之广、规模之大、参与人数之多,前所未有。Y街道各社区也是此次"邻里节"的参与者,但以"增进邻里情"为主题的"邻里节"服务活动对不同社区的意义是不同的,因"邻里节"召开时间为周六,因此该活动对于街道内各社区而言是加班,按照街道规定,"邻里节"服务活动不少于3场,因此,如何基于社区实情,设计3场主题分明、类型有别、需求突出的"邻里节"服务活动,成了诸多社区居委会的现实难题。

笔者作为社工机构项目负责人在与3位社区居委会主任沟通过程中,听到了他们的谈论,考虑到服务开展的难易程度,服务所针对的核心人群依然是老年人,以及后期服务开展过程中需要社区居委会的全力协助,因此,便主动提出"邻里节"的服务开展策略与建议,并表态通过沟通与协调后争取于10月26日当天为3个社区提供人力与服务支持,此举获得了3位社区居委会主任的充分肯定。在服务实施前期,笔者与北京大学地球与空间科学学院博士生党支部、中国地质大学外语学院党支部建立合作关系,为当天活动开展提供足够的志愿者支持,并同时策划具体服务内容。具体支持情况如表4-1所示:

表4-1 社区支持情况

社区	支持内容	服务内容
Y社区	活动策划 人员支持 服务支持	北京大学地球与空间科学学院博士生党支部:手机现场答疑与教学 R社会工作机构:组织义务理发服务
C社区	人员支持 服务支持	中国地质大学外语学院党支部:垃圾分类小展台
W社区	人员支持	北京大学地球与空间科学学院博士生党支部:"邻里节"现场活动主持人

二　顺应场域流动

1. 消除认知偏差

在社区居家养老服务场域，社会工作机构的加入改变了场域结构与布局、资源类型与容量，甚至在撬动着场域运行的游戏规则。尤其是在双方信任关系建立的初期，社区居委会对社会工作机构的观望与徘徊态度使得社会工作机构在依赖社区居委会资源支持的前提下，采取谨慎的实践策略。社会工作机构与社区居委会之间认知的差异、工作方法的不同，在缺乏充分沟通的前提下，极有可能阻碍双方信任关系的建立，服务也可能陷入僵局。在 Y 街道，社会工作机构涉足校内社区居家养老服务相对较少，因而未能建立与其他社区居委会相似的熟络和相对信任的关系，社会工作机构需要进一步与校内社区居委会、社区居民建立信任关系。尽管社会工作机构在前期沟通工作中已了解过校内社区的养老服务需求与专业的可能落地空间，包括"社工+志愿者"的小型养老互助小组、老年人精神慰藉服务、老人人生回忆梳理等，但现实的关系建立与服务合作仍需进一步确认与发展。社会工作机构后期经历了与社区居委会的"微信沟通失效"，在再次邀请合作时获得"等需要再说"的答复。

从"热情合作"到"冷漠回应"，社会工作机构在产生迷惘、无措、焦虑的同时，也需要反思事件的发生路径以及关键环节。社区居家养老的服务需求、为老服务的合作共识、社会工作机构的专业优势依然客观成立，然而沟通过程中的认知偏差导致了双方关系的冷淡。对于社会工作机构而言，达成共识是行动的基础。基于共识，专业服务的开展则需进一步进行需求调研与方案设计，如此才能最大限度地保证服务的质量与效果。而对于社区居委会而言，双方的共识为后续的合作打开了良好的局面，社会工作机构应当积极参与社区活动、体现专业优势。一方面，二者对沟通与行动的时效性认知并不统一；另一方面，社区居委会对社会工作专业以及专业成效的时效认知存在偏差。在二者的沟通互动中，有关合作推进的时间、步骤、内容等方面依然相对模糊，进而造成了社区居委会眼中社会工作机构的"拖延与被动"，而在社会工作机构看来则需要更周全的策划与准备。双方的认知偏差所引发的误解与矛盾是此次沟通失效的根本原因。而辩证地看待矛盾意味着社会工作机构可以将与社区居委会之间的误解与分歧看作增进认识的重要环节，只有在具体的工作事项与工作流程中有所体现，才能真正领悟对方需求、才能增进彼此的了解。

社会工作机构久处社区居家养老服务场域便能意识到实践过程中既没有绝对意义上的对立关系，也没有永远和谐的伙伴关系。社会工作机构与社区居委会的关系可能会因为一位老年服务对象、一场活动、一次沟通等而产生波动。但与此同时产生波动也意味着场域空间、关系空间以及服务空间的开放性。只有看到差异背后所代表的角色、功能、背景与定位上的不同，才能真正换位思考各实践主体采取差异化行动策略的缘由，从中寻求并确认场域合理性，增进对社区居家养老服务场域运行规则的深度认识以及对可能性空间的敏感性。

2. 解除信任危机

基于专业价值信念与专业素养教育，具备强烈的主观能动性是社会工作者的重要实践能力与素养之一。掌握时间这一核心要素，[①]运用实践智慧推动情境发展，社会工作者需要学会审时度势、运用方法技巧、改变被动地位、打破僵化局面。微信沟通失效后，双方关系陷入僵局。此时，社会工作机构项目负责人采取主动澄清、即时反馈、表达同理等服务技巧，与社区居委会主动沟通、获取谅解、缓和

---

① Tsang, N. M., "Kairos and Practice Wisdom in Social Work Practice." *European Journal of Social Work*, Vol. 11, 2008, pp. 131-143.

关系。服务虽未及时开展，但此次沟通为持续的合作与服务的展开争取了一定的发展空间。除此之外，自政府购买社会工作服务以来，社会工作机构的加入也逐渐改变了社区居家养老服务场域的格局、资源水平与蓝图愿景。社会工作机构从初期的"隐性资源"逐渐向"显性资源"转化，社区居委会也逐渐意识到社会工作机构在服务策划过程中的新奇创意、实践过程中的专业价值信念与专业服务水平，以及在双方合作过程中的志同道合与默契。社区居委会的"减负感"日益提升，其场域感知、性情倾向以及实践策略也在无形中发生了变化。社区居委会与社会工作机构之间的较量感、疏离感逐渐消失，默契感、信任感与期待感逐渐增强。

时隔一个月，笔者作为"家庭助理"项目的负责人收到了校内社区居委会主任的主动问询，其在表达生活上的关心后，询问原计划于1月举办的与社区老人包饺子迎新春集体活动的时间——"咱包饺子在哪天呀？"看到社区居委会主任的信息，笔者立即明白与社区居委会之间的僵局已破。在进一步的时间、地点与活动流程沟通上，以更加清晰、明确的态度与其进行确认，沟通内容明确、沟通氛围良好。社区居委会主任的主动问询已然说明了社区对社会工作者组织、带领团队来到社区组织服务的需要，这不仅涉及社区老人对走出家门、感受社区温暖的需要，还涉及社会工作机构通过人力、物力、节目筹备等为社区老人带来的快乐。

在包饺子活动当天，实际来参加活动的老人远超过社区居委会主任的期望。社会工作者以服务对象为核心，设计了环环相扣的服务内容。老人在包饺子过程中相互帮助，回忆起往昔的教书岁月，增进了邻里情谊。除此之外，社会工作者还组织老人一起唱红歌，现场氛围高涨。活动过程中，社区居委会主任主动将原计划的3位制作人生回忆录的老人介绍给社会工作者，相互之间形成了明确的服务约定，此前的"失败沟通"彻底画上句号，有效合作就此展开。

从社会工作者初期等待的焦急与无奈，到主动澄清解释后街道内其他社区项目的持续推进，再到校内社区居委会主任的主动联系、顺畅沟通以及服务活动的顺利开展，历时将近两个月。而在这两个月中，所反映的是社会工作者的反思、成长与意识的转变，以及社区工作者对专业社会工作存在的价值与意义、社区服务该如何推进的思考，双方在整体行动意识上的认识的转变，最终推动了场域空间的让渡与实践策略的调整。对社区居民来说，社区居委会不仅是服务居民的组织，更是社区居民"说理"的地方，因此，社区居委会在社区日常事务的处理中必须做到"通情达理""有一说一"。而在上述沟通事件中，沟通双方并无"对错之分"，其原因在于双方对沟通均有着不同的认知，这也突出了社会工作机构与社区居委会之间形成共同的沟通共识的重要性。也正是基于社区居委会主任丰富的人生阅历与多年工作的经验，工作开展必须讲求"通情达理"的原则的把握，所以，才让社会工作者"敢于"等待，"敢于暂时放弃不管"，将事情放一放，等待社区居委会意识转变。而此种情况下的意识发展与转变，立足于"负面事件"达到"正面效果"，其所产生的效果可能正是社会工作者和社区老人所真正需要的，打开了社区治理与服务工作的新思路与新局面。

第五节　重塑场域结构

一　集体性反思氛围

在社区居家养老服务场域，场域核心问题的分析，离不开社区老人需求满足这一终极问题。社区是否需要社会工作专业服务？社区老人的服务需求有哪些？如何开展社区老人乐于接受的服务？老人的需求满足与社区治理、社区发展之间的关系？对于社会工作机构与社区居委会而言，正是基于社区整体的思考以及针对社区老人的具体、细化思考，产生了社会工作机构与社区居委会对自身职责与定位、彼此的角色与能力，以及对社区居家养老服务场域情境的认知与反思，这种"集体性反思"的氛围能够促生对真正契合社区实际的问题与需求的全面分析，去共同面对社区居家养老服务场域本身的复杂性与不确定性，为有效实践奠定坚实的基础。

（一）重识情境：合作文化的建设

社区居家养老服务并非只关涉老年服务对象、只涉及养老议题，更与社区治理、社区发展紧密相关，具体还涉及社区居委会的能力提升、社区内部资源挖掘与社区资本提升等。老旧单位式社区所具备的优势是有相对熟悉的邻里网络，尽管在城市化的浪潮中人际关系也逐渐走向疏离与冷漠，但相较于新型商业社区而言，仍存在宝贵的邻里网络基础优势。然而，在本书案例中，更应注意到高知老人群体本身独特的特质与需求，因此探索社区老人更容易接受的服务形式就显得尤为重要。

而这种探索工作的发生，难以依赖单方面的专业力量或过往的社区服务经验来进行，当前社区高知老人所面临的养老服务困境就说明了单向度的问题解决方法难以直接生效，且难以获取持续性的效能。对于社区内部的独居或空巢老人来说，当子女不在身边，左邻右舍、社区工作人员成为他们最为信得过，也最能靠得上的求助对象。因此，如何立足社区资源，挖掘与搭建合理的、不脱离实际的社区内部支持网络，如何让这些社区已有的网络资源能够最优化配置，形成对老人来讲更信得过的支持网络，才是社会工作服务项目应当着力的地方，也是社区居委会社区工作开展的重点，更是社区整体发展意义上内部支持网络的搭建、邻里互助之风的打造、社区凝聚力的提升工作，对于购买方、社工机构、社区居委会以及社区居民而言都是意识层面的提升。而社区内部支持网络的搭建、社区资本的提升，本身也是社区居委会日后工作开展的铺垫、社区问题解决的有效途径，因此站在同一立场、综合看待社区问题将有助于促进社区问题的解决、社区的发展与化解各自的服务困局。

（二）开放的性情倾向系统：认知与观念的影响与渗透

1. 社会工作机构：从专业潜隐认知到生活情境认知

正如前文所述，年轻社工在相信本土情境的差异性的基础上，仍然存在一种"潜隐"的"假设认知"。这种"潜隐"的"假设认知"来源于缺乏本土实践验证的过往所学，从实践场域中对服务对象的理解、对问题的假设与认知到尝试解决问题的操作理念以及过程中的方法与路径，都可见到专业教育所产生的影响。

对实践场域的重新认识，所带来的是自身对专业的重新审视，展开与实践的对话，并且重新认识场域内其他实践主体。这具体体现为五个方面。①对服务对象的认识。视服务对象为活生生的人，是有着独特的性格特质、生命经历、文化背景、家庭背景、工作经历与社会历史烙印的真实个体。从而把握服务对象本身的生活性、独特性与复杂性。②对与服务对象的关系的认识。认识到西方情境下"外显的求助关系"在本土的不适用，了解本土社区老人的求助惯习，理解与适应本土社区老人求助邻里、社区居委会等其他实践主体，并对社会工作者报以"感恩""不好意思""客气疏离"等态度，弱化专业身份定位，贴近服务对象生活，并在此基础上尝试寻找解决问题的新途径、新方法。③对服务对象的问题与需求的认识。认识到识别问题、辨别情境是专业服务的第一步。④对服务方法的认识。实践层面服务方法的运用往往随着实践情境的差异而不同，具体服务情境、服务方法间的灵活调整与融合更加重要。⑤对服务情境的认识。对与服务对象相关的微观服务情境与宏观服务情境（如社区情境与社会情境）的整体认识才是快速、有效适应实践情境的重要法宝。

2. 社区居委会：从传统思维到专业思维

在社区内部一般事务处理上，社区居委会懂得倾听各方意见，兼顾多方利益的重要性。然而并非所有问题都能够迎刃而解，社区居委会也需要在面对新困难、新挑战的过程中，不断发展新理念、学习新方法。①对于社区问题解决与社区发展的认识：以点带面效应。传统"救火式"社区管理理念依然盛行，最终导致的是问题解决不彻底，问题与问题、事件与事件之间的相互孤立，难以形成以点带面的问题解决路径。②对社区老人的认识：从一般化考量到个体化认知。其所体现的是社区居委会在判断社区老人所面临的问题与需求时不再只做原因上的浅层化分析，摒弃了"一刀切"式的服务策略。社会工作作为专业力量存在于该场域所实现的理念渗透即拓宽社区问题解决、服务提供与社区治理的新思路，进而产生新的服务提供路径，推动社区居委会从社区老人行为背后展开深入分析，认识老人与老人之间的差异性，因而识别由此所展现出来的需求与问题的差异性等。

二 合作共治的场域情境

（一）相互尊重与互助学习

在社区居家养老服务场域的实践过程中，从年龄结构来看，社区居委会工作人员的年龄普遍集中在 35~45 岁，而社会工作者的年龄则多为 22~30 岁。社区居委会工作人员比社会工作机构工作人员的社区专业实践时间长、对社区老人的熟悉程度高，数字上的差异同时反映的是工作经验与社会阅历的深浅差异。深入居民生活场景中开展日常工作的社区居委会工作人员深知与老百姓打交道的方法技巧，

"如何把话说到居民心坎里""如何获信于居民又不得罪居民""如何把事情说得通俗易懂"。迈入具体的服务实践场域，社会工作者所需的是充分理解服务对象的生活环境、思维习惯和用语习惯，而尊重与学习社区居委会的服务经验与智慧，将有助于社会工作者与服务对象平等沟通、对话和交流，持续推进服务。

在社区居家养老服务场域，社区居委会摸爬滚打而来的实战经验与社会工作机构专业教育而来的专业素养均是场域重要资源。社会工作机构需要深知社区居委会的工作经验与智慧是经历失败后的积累与时间淬炼后的沉淀，在社区居家养老服务场域内有其根本的在地性、契合性与有效性。社区居委会所贡献的经验与智慧于社会工作者而言，或许理论性不强、严谨度不够，却具备强烈的现实逻辑。"在地适用"是其重要的价值与标志。在社会工作机构内部，社会工作者或许实践经验尚浅，专业能力也尚未达到炉火纯青的地步，但社会工作的价值信念、理论知识与方法技巧能够为社区居家养老服务场域带来重要的现实价值与积极启示。社会工作注重公平公正、尊重个体差异、增进人民福祉的基础价值信念，始终以服务对象为核心的实践理念，科学、丰富的专业方法技巧，契合社区居家养老服务场域多样化的问题与需求，能够进一步推动社区居家养老服务水平、服务质量与服务效能的提升。

因此，在社区居家养老服务场域，社会工作机构与社区居委会不仅是契合互补的合作对象，更是学习借鉴的榜样。对于年轻的社会工作者而言，社区居委会长期以来深耕社区实践领域，无论是吃苦耐劳的职业素养，还是摸爬滚打的经验智慧，都是值得学习借鉴的内容。社会工作者初出校门、初入社会，在社区居家养老服务场域服务社区老人，更需要具有耐心、细心与恒心，同时灵活、主动、积极地适应场域环境，为社区居家养老服务场域带来新生力量与专业力量。对于社区居委会的工作人员而言，社会工作专业力量的加入不仅仅是年轻身影的出现与参与，更是专业精神与价值观、专业理论与方法的渗透与融入，在学习与互动中改变工作理念、改良工作方法、改善服务成效，让社区老人不再只是社区的居民，更是社区的"主人"。这里的"主人"是指社区老人在主动性上不仅更愿意也更擅长社区参与，作为服务对象也被以更人性、更专业的方式照顾着、抚慰着。社区居家养老服务场域的规则开始变得灵活、服务主体逐渐多元，社区老人在快速更迭的时代洪流中并未被抛弃在灰暗角落，而是以不同的形式参与着时代、享受着社会发展的成果。

（二）平等协商与共同决策

在共同参与、推进社区居家养老服务的过程中，社会工作机构在社区居家养老服务场域中的作用越来越显著，其决策空间也不断被拓宽。在社区居家养老服务的公共性议题方面，社会工作机构拥有更多的参与、提议机会，从专业视角分析社区居家养老现状、需求与资源状况，社区养老难题破解的思路、策略、重点与难点，为社区居委会的整体规划提供参考性的意见与建议。与此同时，社会工作者虽将服务实践落在社区，但并非深扎社区、持续服务，对社区的认知必然受限，如此会限制社会工作者具体工作的开展。因此，充分利用社区居委会的优势对服务过程中可能产生的风险做出更为全面的预估，并且为避免问题发生而做出更为详细的服务安排，促使双方之间的配合更为密切尤为重要。从这层意义上，平等协商与共同决策将更为有效地促进双方之间的理解，使双方共同体验到合作所带来的积极效益，培育合作默契，并且为后期的服务开展提供良好的合作基础。

保证双方之间最大可能地将沟通内容全面化和精细化，这对具体的服务开展至关重要，包括服务活动设计的初衷，单次的服务计划并不脱离于服务项目，也并不独立于项目内其他服务，尤其对"社工想去做"还是"老人真实需要"两点做出必要的澄清；服务预计的实施内容、涵盖群体等；服务提供可能面临的风险、可借助的资源、双方之间的配合方式、服务的预计目标等细节。社会工作者深知需要从专业的角度进行风险预估，从而采取有效的抵御风险的策略。然而更需要社区居委会，尤其是社区居委会主任以及负责老年工作业务的社区工作人员的积极参与。社区居委会协助探讨具体的服务十分有助于社会工作者的服务计划真正落地，从而能够对服务设计在本社区的适切性、服务涵盖群体的服务需求与特征、服务设计可能面临的风险以及如何有效规避和降低风险、社区居委会所能给出的支持与配合等有充分了解，共同促进服务计划的顺利实施。

第五章　结论与讨论

第一节　基本结论

一　社区居家养老服务实践场域的多重特质

在本书中，社区居家养老服务实践场域，对于研究者而言，既是社区居委会与社会工作机构二者之间互动的主场域，又是研究者作为实践者的学术实践场域，体现了场域的复杂性。当学术研究场域与实践场域交融在一起时，研究则面临着较大的挑战，研究者的过度涉入，或准确来说，随着研究者涉入实践的深度将极有可能影响到研究判断与研究结果的客观性，如何在保证深入探索的同时进行客观、公正、理性的分析，研究者的反思性需贯穿全程，反思性实践对于研究者本身来说至关重要。综合对社区居家养老服务实践场域的观察以及场域内实践经历，可以总结出，社区居家养老服务实践场域具有如下特征。

1. 独特性

社区居家养老服务实践场域本身具有突出的福利属性与价值导向。这种福利属性的界定与价值导向的确立与该场域的核心服务对象——老年人直接相关。社区居家养老服务实践场域内的一切实践主体、实践活动、实践目标都紧紧围绕着社区老人的生理、心理、社会层面的问题与需求而展开。在地的社区居委会，本身即肩负着洞悉居民需要、解决居民难题、预防问题发生的使命与责任，社区老年居民作为当前社区人口结构中人数普遍较多、年龄普遍较大、需求普遍强烈的特殊群体，照顾老年群体也成为诸多社区居委会的首要任务。养老服务的难题不仅摆在每个家庭面前，更是社区居委会的常态化事务与亟待创新的工作领域。社会工作机构的介入有效实现了养老服务模式的变革与创新，实现了在服务群体上更加多样化、服务理念上更加人性化、服务层次上更加精细化、服务过程上更加规范化以及服务方法上更加专业化，真正实现了以老年服务对象为核心，紧紧围绕老年服务对象的问题与需求，完成针对性的服务方案设计，借助专业化的方式将福利服务送至老人身边。

在具体实践过程中，社区类型的不同也直接决定了其独特的场域特色。关键性的影响因素体现为以下两个方面：从社区层面来看，社区的具体类型、社区老年群体的特征与比重、社区居委会的团队架构与工作风格等都将决定社区居家养老服务的具体内容与现实基础；从社会工作机构的层面来看，社会工作机构的资历背景与资源存量、项目团队的人员架构与专业水平、项目执行的规划统筹与规范程度等要素将直接影响社会工作机构在社区居家养老服务实践场域的沟通互动与服务成效。在现实的服务情境中，社区居委会与社会工作机构二者之间的沟通互动又进一步形塑了社区居家养老服务实践场域结构与场域发展方向，造就了社区居家养老服务实践场域与一般场域类型的外在差异，以及不同类型社区居家养老服务实践场域的内在独特性。

2. 复杂性

社区居家养老服务实践场域的复杂性体现为养老服务的系统性

与艰巨性。相较于传统家庭养老，社区居家养老扩大与丰富了养老服务的提供主体、服务内容与服务形式。在确保社区老年人保留居住环境熟悉感与适应性的同时，为老年人提供在日常生活、医疗健康、社会交往、休闲娱乐等方面的便捷服务。然而多元化的服务内容也决定了较大的服务体量以及服务发展的阶段性与不平衡性。社区居家养老服务实践场域不仅需要来自社区居委会与社会工作机构的服务力量，还需要来自社会的其他参与力量以及社区自发的内生力量。而主体的多元必然带来实践理念与实践策略的差异、信任建立与沟通协作的困难。社区居家养老服务实践场域的理想状态是实现养老服务资源的集中汇聚与科学分配，要想实现这一理想状态，就必须有效协调不同资源类型背后资源主体间的利益、权利与责任。

社区居家养老服务实践场域的复杂性体现为多元情境的相互交融。因为社区老年群体与社区实践场所的特殊性，社区居家养老服务实践场域融合了生活情境、工作情境、服务情境等多种情境类型，这就决定了社区居家养老服务实践场域规则的灵活性与多变性。无论是社区居委会还是社会工作机构，都需要摒弃绝对、片面的工作思维，深刻理解"走进生活解决问题"的真实内涵。不能设身处地理解社区老年人的生活处境与生活状态，社区居委会的行政思维与社会工作机构的专业思维都将碰壁。

社区居家养老服务实践场域的复杂性体现为起源于西方的专业社会工作与生根于本土的实践经验智慧之间的碰撞与交流。本土社区工作由来已久且独具特色，积累了丰富的实践经验与智慧。起源于西方的专业社会工作有其特有的哲学基础与历史脉络，以及在此基础上所形成的多元化的理论基础与工作方法。两套体系各有优势，相对应的两大实践主体在年龄、阅历与背景上也存在直接的差异，因而，在社区居家养老服务实践场域，为老服务的合作共识与理想容易达成，为老服务的合作路线与策略却需要克服种种差异、重重困难，唯有求同存异、相互影响、共同成长，才能坚守以老年人为核心的合作初心与稳固根基，急老人之所急、想老人之所想，切实满足社区老年人多元化的发展需求。

3. 差异性

在社区居家养老服务实践场域，社会工作机构与社区居委会因扮演角色与发挥功能的差异，在与社区老年人的关系理解上存在不同的价值取向，但这些价值取向都有客观的现实基础。在对与社区老人的关系属性的理解与定位上，接受专业社会工作教育的社会工作者往往将其理解为平等的、单向度的服务关系，社会工作机构基于政府购买服务的合同契约与专业社会工作的价值理念提供专业化的服务。任何情况下，保护老年人的个人隐私与合法权益不受侵害是社会工作者的首要伦理守则。社会工作专业方法与策略的选择也应当围绕老年人的实际服务需求而展开，社会工作者应当充分尊重老年人的性情特征、主观意愿与自主决策，不能欺骗、隐瞒，也不能代替老年人行使决策权。始终为老年服务对象考虑贯穿社会工作专业服务的全程。相较于社会工作机构，社区居委会的角色与功能决定了在实践层面社区居委会与社区老人之间往往是管理与服务并重的双重关系属性。这种双重关系属性决定了社区居委会的实践思维既需要全盘考虑又需要因事制宜。绝对意义上的管理关系既不利于发展与保持良好的群众关系，也不利于社区各项工作的顺利推进；绝对意义上的服务关系既缺乏人、财、物各项资源的现实支撑，也不契合社区党建、社会事务、平安建设等社区各项公共事务安排的实际情形。因而，面对同一情形，社区居委会与社会工作机构的视角存在客观的差异。毫无疑问，关系视角的差异有助于创造深度理解与相互尊重的空间，推进社区居委会与社会工作机构走向深度合作，强化信任关系；

然而不可忽视的是，关系视角的差异也可能引发双方的误解与否定，进而造成合作关系的崩裂与各自分立的局面。

4. 不稳定与不确定性

正是上文所述的社区居家养老服务实践场域本身的独特性、内在的复杂性与差异性等特征，决定了社区居家养老服务实践场域的不稳定与不确定性。社区居家养老服务实践场域的内部结构、发展趋势、最终走向受到一系列场域内外因素的影响与制约。尽管社区居家养老服务实践场域的核心主体是老年居民，但是福利服务的递送依然需要依赖社区居委会、社会工作机构及其他多元主体。向好的意愿与合作的共识并不能保证养老服务目标的最终实现，实践场域内的任何风吹草动都有可能降低沟通成效、干扰合作进程，社区居委会与社会工作机构在不稳定与不确定的服务情境中需要明确自身定位、提升场域认知、调整实践策略，营造积极良好的场域环境与合作氛围。

在政府购买专业社会工作参与社区居家养老服务实践中，针对社区实情的前期需求调查往往时间不足、认识浅显，这就导致社会工作机构与社区居委会之间、社会工作机构对社区实际情况的认识与了解落在了服务提供的阶段，即一边实践一边认识，更为重要的是，在认识的过程中不断地调整自身的服务策略，从而达到有效服务目标的实现。服务过程中的动态调整与变化，以及突发事件的出现和影响，都说明了社区居家养老服务实践场域并非固定不变、等待着开发和挖掘的社会空间，其本身的开放性、社区内部资源与潜力的可挖掘性、实践过程中的灵活适应性与弹性调整，决定了无论是社会工作者，还是社区工作者，在社区居家养老服务中，理解不确定性与不稳定性、在专业知识技能与实践经验之间找到平衡、有效融合二者以应对实践情境的不稳定性特征至关重要。

二 社区居委会与社会工作机构关系发展的不稳定性

1. 项目阶段发展与关系进展的不一致

无论是在街道内持续提供服务的 R 社会工作机构，还是服务近 2 年的 C 社会工作机构，都可看出服务进展缓慢、专业化体现不明显的特征。在与社区居委会之间的互动上，街道服务的年限、单纯的数字增长所带来的影响似乎只体现在了多数社区居委会对社会工作机构的知晓与熟悉上，仅有个别社区居委会与两家社会工作机构之间建立了在服务提供与社区事务上的相互配合、相互支持、相互合作的持续性关系。大部分社区居委会对社会工作机构在做什么、能为社区做什么，以及社区居委会能为社会工作机构带来哪些支持与帮助是不了解的。

与此同时，即使是在二者之间配合比较密切、相互认知比较充分的社区内部，社区居委会与社会工作机构之间的关系也始终处于不稳定的状态。二者之间的关系走向可能因为沟通因素、配合环节等多方面的理解不同、行为不同而产生变化。二者之间并不因社会工作机构在街道内的开展年限或私人关系的彼此熟悉而始终保持相互理解、相互尊重、密切配合的关系，而是始终处于不稳定的摇摆状态中。对于需要社区居委会密切配合、提供相应资源与信息的社会工作机构而言，则需要花费更多的精力去关注细节、加强沟通，以社区大局为重，将自身服务与社区管理、服务工作融合，与社区居委会建立持续、良性的互动与交流关系。

2. 多种因素形塑关系样态与关系发展

社区居委会与社会工作机构之间的关系样态与关系发展受多种因素影响。双方之间相互认知和相互理解的程度、对社区实际需求的把握、私人关系的好坏、专业能力如何、沟通交流是否顺畅、是否有效把握配合的时机等，都影响着二者之间的关系好坏以及发展方向。

社会工作机构与社区居委会之间的关系，不仅仅是公对公、组织对组织的配合关系，在实际交流互动中，更体现为以社区居委会主任为社区代表和以项目负责人为机构代表的个体与个体之间的互动，因此，二者之间的关系中融合着私人关系与工作关系。私人关系在一定程度上有助于社会工作机构与社区居委会之间相互理解对方的处境，促进二者之间产生合作意识，使工作沟通交流较为顺畅，是二者之间进行良性互动的重要润滑剂。然而，私人关系并非二者之间产生密切合作的唯一因素，团队服务能力的高低、专业性与否依然是影响二者在社区内合作的重要因素，直接决定着二者之间就哪些社区事务开展合作、如何配合、合作的程度大小以及关系的最终走向。

3. 互动过程中细节性因素影响甚大

社区需求的把握、双方之间的信任程度、沟通的成效以及时机的把握四大核心要素决定着二者之间的互动与沟通。而在现实中，这四大要素将会被进一步细化和具体化于二者的实际互动过程中。

如何在实践过程中以及和社区居委会、社区居民的沟通互动过程中深入了解社区的真实情况，了解社区居民的真实生活需求以及有效开展服务的策略等。这就涉及社会工作机构如何推介自己，如何了解社区居委会在社区的地位、资源掌握情况、工作开展思路以及工作方式方法、社区的年度工作计划等，这些具体化的因素都将有助于社会工作者了解社区的具体情况，以及与社区居委会开展合作的重点。正是通过这些契合社区实际需求的服务计划与设想，一方面才能够推进专业服务真正落地社区，另一方面才能够真正获得社区居委会的了解与信任。而在接下来进一步的沟通中，沟通态度、沟通内容、沟通方式等多方面的细节都在无形中呈现着彼此对社区为老服务的态度真诚与否、形塑着在对方心目中的形象以及影响着后续服务能否持续落地、逐步产生成效。对于时机的把握，则要求双方注重对细节性因素的考量，以有效准确地识别时机，并且把握时机，充分利用机会化解矛盾、增进理解、强化信任、深化沟通，为双方之间的合作奠定良好的基础。

第二节 讨论

一 社区养老服务困局与专业效能发挥

（一）社区养老服务困局

社区养老服务现状与存在的问题是洞悉当前我国社区治理状况与前进方向的窗口。目前的主要问题有社区内部老年人口占比不断攀升；独居、空巢老人日常生活照料服务仍不完善，精神关爱服务更是匮乏；家庭支持网络弱化，社区内部邻里互助网络退化，互助倡导理念佳却生根难。在服务供给上，社区内部社会组织过于松散、凝聚力不强，自娱自乐、抱团取暖现象较多，社区仍然需要从思想意识和实际推行两个方面着力；社区居委会在实际运行中管理在前、服务在后，管理服务理念过度依赖经验总结，缺乏专业思维转化与整体性分析视角，紧急问题处理能力强却缺乏有效的风险预防能力与社区内部发展的长远规划能力；辖区内企事业单位与社区本身在增进对社区居民的服务上，缺乏深入的挖掘与探索，仅保持浅层化的服务关系，参与主体尚未被充分调动起来，社区共建共治共享的格局构建进程缓慢；作为处于社区治理与社区养老服务规划核心领导地位的基层政府，在指导与购买服务过程中依然缺乏契合社区实际情况的前瞻性考虑，这种前瞻性考虑指向对社区治理格局、如何营造良性治理生态的整体性规划，能够有效、准确识别资源以及资源本身所能带来的价值，考虑问题的角度不仅仅着眼于问题与解决问题本身，而是开阔视野，从社区问题与风险预防、问题解决、社区未来发展方向多方面、跨时间维度地规划社区治理与服务的整体格局，以社区的整体性治理达到"以人民为中心"的服务核心目的，以服务系统的不断升级改造、有效实现促进与巩固治理的成效。

社会工作作为专业性的力量，可发挥和作用于社区治理的多环节以及社区养老服务的多方面。而专业效能发挥得如何，抑或社会工作在基层的专业主体性建构状况如何需要进一步评估。在购买方、社区社会组织、社区居委会、社区居民尤其是服务对象眼中，其专业形象、专业信任、专业作用、专业价值如何，都直接影响着社会工作作为一门专业以及在具体社会分工中作为一种提供专业服务的职业的存在地位与发展空间。

（二）社会工作的专业效能发挥

专业效能的发挥依赖于专业自身，又不仅仅依赖于专业自身。之所以说其依赖于专业自身，主要指社会工作本身的实践取向，无论其最终是落地于实践场域，还是服务提供的场所集中于专业社会工作机构内部或个别服务情景，都是基于社会工作专业本身的专业知识、价值理念以及科学的助人方法，做实基础是专业社会工作开展服务的重要前提。服务提供过程中理念丢失，服务对象成为社会工作者维护与巩固自身利益的工具，服务过程中缺乏专业视角，不能及时、有效脱离情境，以至脱离社会工作者专业角色、过度移情于服务对象，都是专业服务基础不牢与实践服务经验不足所导致的。社会工作专业本身对服务对象周边资源以及促进服务有效化链接资源的觉知、甄别与充分利用的能力，是社会工作专业效能发挥的重要保障，而如果个人理念凌驾于专业理念之上，服务过程中的个人偏见、情绪夹带、主动性不足，都将导致服务资源本身的隐形与弱化，失去可利用资源本身的存在价值。而上述这些，都考验着一名专业社会工作者的专业素质与能力，是有效服务开展的重要前提与基础。

专业效能的发挥又不仅仅依赖于专业自身是指，社会工作者本身并非脱离实践情境而开展工作，这种不脱离实践情境，尤其是我国本土文化情境而开展工作，将直接带来的挑战体现在两个方面。一是专业实践情境本身的复杂性、多变性、不稳定性与特殊性。这些情境本身所蕴含的重要特点，增加了社会工作服务开展的难度。社会工作者需要立足专业基础，去重新识别、判断、设计、规划以及不断调整自己的工作方案，甚至必要时及时调整阶段性目标以不断去靠近项目的整体性目标。二是社会工作者自身灵活的应变能力与学习能力。实践情境的复杂特征决定了社会工作者在情境中必须具备灵活适应性与弹性。仅仅依赖书本、专业知识，已经不能保证社会工作者在实际服务情景中的专业地位与服务有效性。社会工作要求实践者必须考虑地点、实践情境，也必须考虑他们的个人经验和自我知识。① 构建与情境内其他主体的合作关系，识别其他主体所具有的优势、经验与资源，学会借力而非单打独斗，在实践情境中学习情境生存能力与适合情境本身的服务发展策略，均是社会工作者基于专业知识又超越专业知识本身的重要能力培养的内容。

（三）社会工作的服务边界与社区居委会的发展空间

无论对社会工作者自身而言，还是对购买方、社区工作者以及社区居民而言，社会工作都不是万能的。社会工作者，在专业价值观的指引下，通过专业知识、理论、方法与技能的学习，帮助有困难的人士解决生活中的难题，为其链接有效的资源与构筑必要的支持网络系统。尽管如此，众多社会问题的解决不是一蹴而就的，社会问题有其本身的社会文化背景，是经历长年累月的积累、演变而成的，社会

---

① Chu, W. C. K., and Tsui, M. S., "The Nature of Practice Wisdom in Social Work Revisited." *International Social Work*, Vol. 1, 2008, pp. 47-54.

工作者作为社会福利服务系统中的重要组成部分，面对社会问题，要先形成对问题的认识，从而借助专业力量，提供力所能及的服务与帮助，达到协助解决问题的效果。社会工作者进入社区即能快速解决社区居民所面临的买菜难、吃饭难、出行难等日常生活大难题，以及社区其他难题，不能协助解决即社会工作者的"无能"，这种对社会工作专业、社会工作者和社会工作机构的认知，是失之偏颇的，也是不公平的。

让专业的人做专业的事，才是社会工作者应该着力去探索和扎根的板块。2019年10月，Y街道计划推出2020年巡视探访项目，通过日常走访社区内老人及时了解社区老人动态，尤其是独居、空巢家庭老人的生活动态与日常服务需求情况。街道希望该项目由街道内养老驿站接手，而R社会工作机构则认为在当前处境下，R社会工作机构与街道内养老驿站形成了竞争关系，应积极投入这场巡视探访项目的"争夺赛"。最终，由街道拍板，项目由养老驿站承担。对于R社会工作机构下一年的服务内容，后来在服务计划的商讨中街道决定由R社会工作机构接手过往志愿者培育的遗留项目。这种转变意味着，无论是街道方还是社工方，均认识到由社会工作机构直接对接社区独居、空巢老人，成为其"家庭助理"实属困难，而协助培育志愿服务力量则是相对来讲行之有效的挖掘内部资源、培育力量、增进邻里文化的重要环节，也是能有效借助专业力量、推进基层治理的关键环节。让专业的人去做专业的事，挖掘专业发展的空间，才是社会工作者在基层实践中应探索的空间。而该项目的转型以及C社会工作机构的退场也都说明了从意识到让专业的人做专业的事，以及专业的人有能力做专业的事都需要时间。

在社区居家养老服务实践场域中，相比于外来入场的社会工作机构，社区居委会有着天然的在地优势，以及多年与社区居民相处、磨合和打交道的经验与基础。因此，社会工作机构需要主动付出与主动沟通，将服务有效进行下去。这种主动性，•在当前社会工作专业团队能力与优势尚有所欠缺以及人们对社会工作专业仍认知不足的阶段，依然是非常必要的。就专业优势而言，社会工作者应当比其他专业背景的人，更深知合作的重要性以及掌握合作技能的重要性。

这并非完全意味着社区居委会作为社区的重要管理者和服务者，只需等待、不需发展。实则，在二者之间互动的过程中，尽管社区居委会自身呈现了众多本土社会工作开展的经验、智慧与优势，然而同样也暴露了其在人员数量、素质与能力、认知与意识方面专业性的欠缺，因而无法对社区问题进行深入理解与剖析，主动探索问题的有效解决路径。因此，社区居委会的专业能力提升对于夯实基层社区治理的基础至关重要，因为基层工作者的素质与能力对于基层治理的成效有着决定性的影响，若想实现基层治理的精细化发展，离不开对基层工作队伍在工作态度、工作能力上的真实丈量，并在此基础上进行有效的提升与培训，从而实现基层社会工作队伍的专业化发展。

二　专业社会工作服务与社区治理创新

（一）从针对性服务提供到社区治理创新

从社区居委会对社会工作机构的关系变迁中，我们可以直观了解到，社会工作机构作为专业性力量进入社区提供服务，常常因服务开展的方式而遭到社区质疑。服务不持续、人员跟不上、专业性不足，这些因素综合起来被社区居委会认定为社会工作服务项目是"为服务而服务"，并没有真正了解到社区的实际需求、真正探索老年人能够接受的服务方式。与社区脱节是社会工作机构开展服务的重大问题。该问题解决的关键在于使社会工作机构真正意识到社工为老服务项目立足于社区的整体发展背景，是社区管理与服务工作中的重要组成部分，是有效推进基层社区治理的重要板块，并非孤立的存在，并积极探索如何使"社工的事"变为"社区的事"，以及如何使"社区的事"变为"社工的事"？

尽管"社区的事"与"社工的事"二者之间并无绝对的、明确的区隔与划分，但正因为社会工作服务项目的存在，使得专业力量解决为老服务难题与社区基层服务力量解决社区问题成为两股独立的甚至是分割的阵营。双方之间可能忽略对方所具有的优势、能力与资源，而各自为政、互不交流，这其实违背了政府购买专业服务力量服务社区的初衷，使社区为老服务仍然停留在供不应求的层面，社区居委会依然独自面对社区服务困境，可能造成对社区老人，尤其是独居、空巢、困难这些最需要服务和帮助的老人的无视及其相关利益的损失，大大降低了社会力量参与社会服务提供的社会效益。

因此，在秉持专业价值理念的同时，加深对社区的认识，包括对社区文化、社区资源、社区居民类型、社区问题等的认识，这一过程必然发生在服务提供的过程中。因为，就社会工作专业服务过程来讲，社会工作者对服务对象的认识，也伴随着服务过程的深化，从而加深对服务对象本身、服务对象问题、可依赖资源、有效解决问题的途径这些根本性问题的认识。这些都离不开社区居委会的协助，也离不开对社区居委会的认识与理解，社会工作者要充分把握社区居委会最头疼、最难解决的问题，将社区难事与社会工作服务项目充分融合起来。也就是说将"管理"与"服务"充分结合起来，以社区整体发展为背景，挖掘社区内外资源，发动和培育社区志愿者力量，加固社区内部支持网络，共同营造社区老人生活得安心和舒适的社区环境。而社会工作服务项目的目标也将自然而然地在与社区居委会的配合、社区事务的推进以及社区难题的化解中得到实现。这将会是以社区作为实践场域的本土社会工作的重要实践路径。忽视社区所面临的真实需求、社区居委会的力量、社会工作本身的专业优势力量与能动性，忽视对社区资源的挖掘，都将难以真正地使社会工作服务在本土落地，并且探索出符合我国国情、社情以及文化背景的专业化实践路径。这也正是社会工作以"服务型"治理的理念融入我国基层治理的探索与实践中，以专业化思维和方法探索基层社区治理的可能性空间。

（二）机构社工与社区社工优势互补、共建共享

鼓励基层社区工作者考取社会工作者职业资格证书，促进社区工作者队伍的能力提升，夯实基层治理基础，是当前国家为有效推进基层治理而开展的重要工作。政府通过购买社会工作服务项目，使专职社工走进社区，与社区工作人员一道探索社区问题的解决、社区服务的提供路径，本身即增进社会工作专业本土化、基层工作队伍专业化的重要举措，使机构社会工作者在与社区工作者的深度碰撞与交流中，发现自身优势与不足、对方优势与潜力，从而形成相互借鉴、优势互补、共建共享的局面。

对于机构社会工作者而言，多年的专业知识与理论的学习为其打下了重要的实践基础，然而作为一门以实践为取向的专业，必然需要走进实践场域。而社区，即本土最为接近服务对象、最为直接的实践场域，在社区实践场域中，社会工作者所接触的不仅仅是服务对象的真实面貌、现实需求与问题困境，了解到服务对象的多样化以及独特性，还将更为直接地接触到我国长久以来本土社会工作开展的现实经验，本土社会工作并非"不专业"，而是有效契合了我国文化背景、社会发展阶段、居民生活样貌。固然，跃入生活场景会给年轻的社会工作者带来情境上的直观冲击，甚至对专业、服务产生怀疑，生出无力、沮丧甚至失望的情绪，但社会工作者需要明确的是，本土化的专业服务并非现成存在的，而是需要在实践中摸索、总结与提炼才能得到的，所以说，社区实践场域是专业社会工作者直接进行学习、参考、借鉴的现实资源，是我国社会工作本土化最为直观、有效的实践场所。

参考文献

一　中文参考文献

陈莹:《从个人与社会的关系看社会工作价值观及其冲突》,《社会》
　　2004 年第 12 期。

方盛举:《论城市社区建设中居委会的改革》,《学术探索》2003 年
　　第 6 期。

高丽、徐永祥:《民办社会工作机构发展的多重特征及其生成机制分
　　析——以社会治理创新为视角》,《社会工作》2016 年第 1 期。

顾东辉:《社会治理及社会工作的同构演绎》,《社会工作与管理》
　　2014 年第 3 期。

何雪松、杨超:《社会工作者的专业惯习建构》,《长白学刊》2016
　　年第 4 期。

洪佩、费梅苹:《"场域-惯习"视角下我国社会工作者的实践策略分
　　析》,《华东理工大学学报》(社会科学版) 2015 年第 6 期。

侯志阳:《冲突抑或合作:社工机构与社区居委会在社会服务购买中
　　的权力关系》,《学术研究》2017 年第 3 期。

黄少宽、吴倩茹:《场域-惯习理论视角下的养老服务时间储蓄制
　　度——对广州市越秀区试点社区的实证分析》,《社会工作》

2012 年第 9 期。

黄晓春：《政府购买社会组织服务的实践逻辑与制度效应》，《国家行政学院学报》2017 年第 4 期。

李学斌主编《现代社区建设专题研究》，中国社会出版社，2016。

刘继同：《中国现代社会福利发展阶段与制度体系研究》，《社会工作》2017 年第 5 期。

柳拯、黄胜伟、刘东升：《中国社会工作本土化发展现状与前景》，《广东工业大学学报》（社会科学版）2012 年第 4 期。

民政部社会工作司编《城市社会工作研究》，中国社会出版社，2011。

闵兢：《场域视域下的城市社区治理动力研究》，《科教导刊》2016 年第 19 期。

潘屹：《社区综合养老服务体系建设：挑战、问题与对策》，《探索》2015 年第 4 期。

〔法〕皮埃尔·布迪厄、〔美〕华康德：《反思社会学导引》，李孟、李康译，中央编译出版社，2015。

〔法〕皮埃尔·布尔迪厄：《帕斯卡尔式的沉思》，刘晖译，生活·读书·新知三联书店，2009。

〔法〕皮埃尔·布尔迪厄：《实践感》，蒋梓骅译，译林出版社，2012。

〔美〕乔恩·埃尔斯特：《解释社会行为：社会科学的机制视角》，刘骥等译，重庆大学出版社，2019。

渠敬东：《项目制：一种新的国家治理体制》，《中国社会科学》2012 年第 5 期。

〔美〕桑德斯：《社区论》，徐震译，黎明文化事业股份有限公司，1982。

单鑫：《社区治理中居委会话语权再造：一个理论性分析框架》，《福建行政学院学报》2017 年第 5 期。

宋言奇、马桂萍：《社区的本质：由场所到场域——有感于梅尔霍夫的〈社区设计〉》，《城市问题》2007 年第 12 期。

孙炳耀：《对居民社区行动场域的理论解析》，《哈尔滨工业大学学报》（社会科学版）2013 年第 6 期。

唐钧：《政府购买服务：购买的究竟是什么》，《中国社会保障》2012 年第 3 期。

〔美〕唐纳德·里奇：《大家来做口述历史实务指南》（第二版），王芝芝、姚力译，当代中国出版社，2006。

〔美〕唐纳德·A. 舍恩：《反映的实践者——专业工作者如何在行动中思考》，夏林清译，教育科学出版社，2007。

〔德〕斐迪南·滕尼斯：《共同体与社会》，林荣远译，商务印书馆，1999。

田玉荣主编《非政府组织与社区发展》，社会科学文献出版社,2008。

童敏、林丽芬：《参与式实务研究的经验与反思：一项城市社区社会工作的研究》，《浙江工商大学学报》2015 年第 4 期。

童敏、史天琪：《社会工作专业服务的本土框架和理论依据——一项本土专业服务场域的动态分析》，《中国农业大学学报》（社会科学版）2017 年第 3 期。

汪华：《合作何以可能：专业社会服务组织与基层社区行政力量的关系建构》，《社会科学》2015 年第 3 期。

王思斌：《社会工作实践权的获得与发展——以地震救灾学校社会工作的展开为例》，《学海》2012 年第 1 期。

王思斌：《试论我国社会工作的本土化》，《浙江学刊》2001 年第 2 期。

王思斌：《中国社会的求—助关系——制度与文化的视角》，《社会学研究》2001 年第 4 期。

王思斌：《中国社会工作的嵌入性发展》，《社会科学战线》2011 年
　　第 2 期。

王杨、邓国胜：《社工机构与社区居委会合作机制的理论解释——四
　　个合作案例的比较分析》，《中国行政管理》2017 年第 11 期。

文军：《当代中国社会工作发展面临的十大挑战》，《社会科学》2009
　　年第 7 期。

文军：《中国社会组织发展的角色困境及其出路》，《江苏行政学院学
　　报》2012 年第 1 期。

夏建中：《城市新型社区居民自治组织的实证研究》，《学海》2005
　　年第 3 期。

徐勇、贺磊：《培育自治：居民自治有效实现形式探索》，《东南学
　　术》2014 年第 5 期。

杨超、何雪松：《社会工作的关系视角》，《学海》2017 年第 4 期。

余剑：《"场域–惯习"视野下的社区养老服务研究——以 J 市 YN 社
　　区为例》，《甘肃理论学刊》2015 年第 4 期。

翟琨：《论社区调解场域及其信任机制的构建法则》，《上海大学学
　　报》（社会科学版）2010 年第 6 期。

翟学伟：《个人地位：一个概念及其分析架构——中国日常社会的真
　　实建构》，《中国社会科学》1999 年第 4 期。

翟学伟：《中国人行动的逻辑》，生活·读书·新知三联书店，2017。

张超：《身份焦虑：社会工作机构的合法性困境及其突破》，《社会工
　　作》2017 年第 1 期。

张鸿雁：《侵入与接替：城市社会结构变迁新论》，东南大学出版社，
　　2000。

张林江：《走向"社区+"时代——当代中国社区治理转型》，社会科
　　学文献出版社，2015。

赵孟营、王思斌：《走向善治与重建社会资本——中国城市社区建设目标模式的理论分析》，《江苏社会科学》2001 年第 4 期。

赵秀梅：《基层治理中的国家—社会关系——对一个参与社区公共服务的 NGO 的考察》，《开放时代》2008 年第 4 期。

赵一红主编《生态社会工作与社会工作实践》，迟红等译，社会科学文献出版社，2019。

赵一红：《我国本土化老年社会工作的发展路径研究》，《社会科学辑刊》2016 年第 1 期。

周昌祥：《创新基层社会治理的有效方式：以服务为本的社区社会工作》，《社会工作》2014 年第 2 期。

周业勤：《场域论视角下的城市社区建设》，《上海大学学报》（社会科学版）2006 年第 4 期。

朱建刚、陈安娜：《嵌入中的专业社会工作与街区权力关系——对一个政府购买服务项目的个案分析》，《社会学研究》2013 年第 1 期。

邹鹰等：《"三社联动"社会工作专业主体性建构研究——基于江西的经验》，《社会工作》2015 年第 6 期。

二 英文参考文献

Abramson, J. S., Terry, M., "When Social Workers and Physicians Collaborate: Positive and Negative Interdisciplinary Experiences." *Social Work*, Vol. 3, 1996.

Aldrich, H., "Resource Dependence and Interorganizational Relations: Local Employment Service offices and Social Services Sector Organizations." *Administration & Society*, Vol. 7, 1976.

Baile, Y. D., and Koney, K. M., *Strategic Alliance among Health and*

Human Services Organizations: From Affiliations to Consolidations. Thousand Oaks, CA: Sage, 2000.

Chu, W. C. K., and Tsui, M. S., "The Nature of Practice Wisdom in Social Work Revisited." *International Social Work*, Vol. 1, 2008.

Coe, B. A., "Open Focus: Implementing Projects in Multi-Organizational Settings." *International Journal of Public Administration*, Vol. 11, 1988.

Dawes, S., and Eglenen, O., "New Models of Collaboration for Delivering Government Services: A Dynamic Model Drawn from Multi-national Research." ACM International Conference Proceeding Series. Digital Government Society of North America, 2004.

Dodgson, M., "Organizational Learning: A Review of Some Literatures." *Organization Studies*, Vol. 14, 1993.

Fitch, D., "A Shared Point of Access to Facilitate Interagency Collaboration." *Administration in Social Work*, Vol. 33, 2009.

Foster-fishman, P., Berkowitz, S. L., Jacobson, S., and Allen, N., "Building Collaborative Capacity in Community Coalitions: A Review and Integrative Framework." *American Journal of Community Psychology*, Vol. 29, 2001.

Fulcher, L. C., "The Working Definition of Social Work Doesn't Work Very Well in China and Malaysia." *Research on Social Work Practice*, Vol. 13, 2003.

Galaskiewicz, J., and Shatin, D., "Leadership and Networking among Neighborhood Human Service Organizations." *Administrative Science Quarterly*, Vol. 26, 1981.

Gould, N., "The Learning Organization and Reflective Practice: The

Emergence of a Concept." In N. Gould and M. Baldwin (eds.), *Social Work, Critical Reflection and the Learning Organization*. Aldershot, UK: Ashgate, 2004.

Hai-Brown, C., "Continuing Collaborative Knowledge Production: Knowing When, Where, How and Why." *Journal of Intercultural Studies*, Vol. 22, 2001.

Huxham, C., and Vangen, S., "Working Together: Key Themes in the Management of Relationships between Public and Non-Profit Organizations." *International Journal of Public Sector Management*, Vol. 9, 1996.

Knežević, M., Ovsenik, R., and Jerman, J., "Social Work as a Profession as Perceived by Slovenian and Croatian Social Work Students." *International, Social Work*, Vol. 49, 2006.

Lawless, M. W., and Moore, R. A., "Interorganizational Systems in Public Service Delivery: A New Application of the Dynamic Network Framework." *Human Relations*, Vol. 42, 1989.

Mandell, M. P., "Application of Network Analysis to the Implementation of a Complex Project." *Human Relations*, Vol. 37, 1984.

Mattessich, P., Murray-Close, M., and Monsey, B., *Collaboration: What Makes It Work* (*2nd ed.*). Saint Paul, MN: Amherst H. Wilder Foundation, 2001.

Meyers, M. K., "Organizational Factors in the Integration of Services for Children." *Social Service Review*, Vol. 67, 1993.

Mizrahi, T., and Rosenthal, B. M., "Complexities of Coalition Building: Leaders' Success, Strategies, Struggles and Solutions." *Social Work*, Vol. 46, 2001.

Moe, A., Tronvoll, I. M., and Gjeitnes, K., "A Reflective Approach in Practice Research." *Nordic Social Work Research*, Vol. 4, 2014.

Mulroy, E., Shay, S., "Motivation and Reward in Inter-Organizational Collaboration." *Administration in Social Work*, Vol. 22, 1998.

Oliver, C., "Determinants of Interorganizational Relationships: Integration and Future Directions." *Academy of Management Review*, Vol. 15, 1990.

O'Toole, L. J., and Montjoy, R. S., "Interorganizational Policy Implementation: A Theoretical Perspective." *Public Administration Review*, Vol. 44, 1984.

Page, S., "Enterpreneurial Strategies for Managing Interagency Collaboration." *Journal of Public Administration Research and Theory*, Vol. 13, 2003.

Perrault, E., Mcclelland, R., Austin, C., Sieppert, J., "Working Together in Collaborations: Successful Process Factors for Community Collaboration." *Administration in Social Work*, Vol. 35, 2011.

Peter, S., "Three Sectors, One Public Purpose." In John R. Butcher, David J. Gilchrist (eds.), *The Three Sector Solution*. Canberra: ANU Press, 2016.

Powell, W. W., "Neither Market Nor Hierarchy: Network Forms of Organization." *Research in Organizational Behavior*, Vol. 12, 1990.

Sheppard, M., "Contact and Collaboration with General Practitioners—A Comparison of Nurses and Social Workers." *The British Journal of Social Work*, Vol. 22, 1992.

Sowa, J., "The Collaboration Decision in Nonprofit Organizations: Views from the Front Line." *Nonprofit and Voluntary Sector Quarterly*,

Vol. 38, 2009.

Susan, D. E., Peter, J. R., Armando, G., Gojko, V., Rino, J. P., "Interorganizational Collaboration in Social Service Organizations: A Study of the Prerequisites to Success." *Journal of Children and Poverty*, Vol. 6, 2000.

Tsang, N. M., "Kairos and Practice Wisdom in Social Work Practice." *European Journal of Social Work*, Vol. 11, 2008.

Uggerhoj, L., "Learning from Each Other: Collaboration Processes in Practice Research." *Nordic Social Work Research*, Vol. 4, 2014.

Van de Ven, A. H., "On the Nature, Formation, and Maintenance of Relations among Organizations." *Academy of Management Review*, Vol. 1, 1976.

Van de Ven, A. H., Walker, G., "The Dynamics of Interorganizational Coordination." *Administrative Science Quarterly*, Vol. 29, 1984.

Weiss, J. A., "Pathways to Cooperation among Public Agencies." *Journal of Policy Analysis and Management*, Vol. 7, 1987.

Wood, D. J., and Gray, B., "Toward a Comprehensive Theory of Collaboration." *Journal of Applied Behavioral Science*, Vol. 27, 1991.

Zizys, T., "Collaboration Practices in Government and in Business: A Literature Review." In J. Robert and P. O'Conner (eds.), *The Inter-agency Services Collaboration Project*. Toronto, ON, Canada: Wellesley Institute, 2007.

图书在版编目（CIP）数据

社会工作机构与社区居委会关系研究：对三个社区
居家养老服务场域的实践分析／李倍倍著 . --北京：
社会科学文献出版社，2024.9. --（社会工作研究文库
）. --ISBN 978-7-5228-4254-7

Ⅰ. D669.6

中国国家版本馆 CIP 数据核字第 2024AA0029 号

社会工作研究文库

社会工作机构与社区居委会关系研究
——对三个社区居家养老服务场域的实践分析

著　　者／李倍倍

出 版 人／冀祥德
责任编辑／孟宁宁
文稿编辑／王　敏
责任印制／王京美

出　　版／社会科学文献出版社·群学分社（010）59367002
　　　　　　地址：北京市北三环中路甲 29 号院华龙大厦　邮编：100029
　　　　　　网址：www.ssap.com.cn
发　　行／社会科学文献出版社（010）59367028
印　　装／三河市尚艺印装有限公司

规　　格／开本：787mm×1092mm　1/16
　　　　　　印张：13　字数：162 千字
版　　次／2024 年 9 月第 1 版　2024 年 9 月第 1 次印刷
书　　号／ISBN 978-7-5228-4254-7
定　　价／89.00 元

读者服务电话：4008918866